現実の経済

と

経済学の現実

社会科学のコペルニクス革命

上田寛

　　　　　　経済は助け合いである。

　こう書くと、宗教的あるいは倫理的な言説かの様に思われるかもしれないが、あくまで事実としての現実の経済の事である。

序文：知について

> 「ヒトの脳は、環境の中の複雑な現象を一定の秩序やカテゴリーに当てはめて整理することによって、思考のコストを節約している。情報の縮減ないしは体制化とよばれるこの作業に成功したとき、脳は報酬として快感をえるようにできている」（松木、52頁）

知とは何か？

私は関係性であると考える。

一般に知の獲得とは、既に発見された関係性を学ぶ。もしくは、それらからまた新たな関係性を発見する事であると考える。

人は弱い存在であり、時に事実を受け入れきれなくなるものである。これは頭が固いと表現されることでもある。この様なケースは、事実が、それまでにその人が築いてきた知に矛盾する時に起こる。つまり、その人がそれまでに築いてきた関係性を壊さなくては、新たな事実との関係性を築けないときに起こる。これは、それまでに築いてきた関係性を確信していればしているほど起こりやすい。

批判的に乗り越えるとは、それまでに築いてきた関係性を一度壊し、新たに手に入れた事実とともに、新たな関係性を見出すことである。

> 上記したのは単なる筆者の仮説であるが、筆者がなぜ知をその様に捉えているか説明するために、我々がこの世に生まれて、どの様に知を獲得してきたかを追いかけてみたい。
>
> 生まれたばかりの赤ちゃんとはどういう状態であろうか？筆者は、ほとんど知を持たず、ただ受ける刺激に対して快・不快を感じているだけではないかと思っている。この刺激はいわゆる五感である。ただ、この時点では、その刺激がどこから来ているのかも分かってはいないだろう。
>
> 不快な時に泣く事は、元々は生理的現象かもしれないが、そのうち泣くことで不快を解決出来る事に気付くとしたら、それは知である様に思われる。この場合、「泣く事＝不快の解決」の関係性を見出している。

あるいは、五感から来る刺激の類型を認識し、それらがどこから来る刺激なのかを認識することが、最初の知の獲得なのかもしれない。つまり、ある種の刺激は鼻からきていたり、あるいは別の種の刺激が耳からであったりといった関係を感じる事である。無論、この時点で鼻や耳といった言葉との関係性まで理解しているわけでは無い。あくまで感覚として、ある刺激（例えば手をたたく音）と別の刺激（例えば音楽）が同様の感覚（耳から聞こえる音）であったり、また別の刺激（料理のにおい）とは違っていたりするのを感じているにすぎない。

　そのうち、自分に快をよく与えてくれる見慣れた存在が、いつも同じ刺激を耳に与えてくる。つまり、その子のお母さんやお父さんが、その子に「ママ」や「パパ」と頻繁に話しかけている。そこで、自分でも、その刺激に似た音を真似していく。すると「ママ」や「パパ」と言えた時に褒められ快の感情を得て、「音としてのママ＝目の前にいる存在（その子のお母さん）」や「音としてのパパ＝目の前にいる存在（その子のお父さん）」などと言った関係性を自分の中に作っていく。すなわち、音と目に見える存在との関係性、名前の概念を感じ出す。

　さらに、車を「ブーブー」と呼ぶ様になり、他の動く物（例えば馬など）を「ブーブー」と呼んだ時に否定される事で、ブーブーと動く物の関係性を壊し、車の概念をただ動くものから、例えばタイヤを持った動くものの様に、より厳密な関係性として捉えるようになる。このような作業を繰り返して、自分の中にあった知の構造物の構造、つまり関係性を作り変えていく。

　大きくなるにつれ、様々な事を学んでいく事で、更にその知の構造物は大きく複雑になっていく。しかし、学校などに行く様になると、それまでの構造物との関係性を見つけられない様な物も出てくる。こういう場合に普段やっているのが暗記である。

　暗記とは言わば、暗記した関係性だけ、例えば、言葉と意味といった関係だけを、何もない知の空間（他の知の構造物との関係性のない状態）に、ただピン止めしていくようなものである。これをもとに、そこに関連した知の構造物をつくりあげていくが、そのうちに他の知の構造物との関連性（知）に気付いて、知の構造物がつながり、より大きな知の構造物が出来上がっていく。

つまり知とは、その出発点においては事実の経験や観測から共通点を見出し、そこから、関係性を予測し、その関係性が他の場合も成り立つことを確認する。これにより、その関係性に蓋然性がある事を知るのである。その整合性が高ければ高いほど、蓋然性が高いと判断され、その最高のものは真理と言われたりする。
　「人は必ず死ぬ」という関係性も、真理と呼ばれる数少ないものの一つであろう。これは寿命、人が生きる事が出来ると考えられている時間を超えて生き延びている人が確認できていない事に由来する。つまり、「人=死ぬもの」という関係性が、現実と整合性があると判断されているのである。
　であるから、ここでもし寿命を超えて生き続けている人が発見されれば、この関係性も真理と呼ぶには値しないものとなるであろう。
　人間の知の歴史を紐解けば、この様な、かつては当然とみられていたものが、それに反する事実の発見により、否定されてきた例に事欠かない。また、人はこの様な過程を通して、より蓋然性の高い知を獲得してきたと言える。
　ここで表明するのは、筆者が不可知論の立場に立っているという事である。つまり、「人は批判的に過去の知を乗り越えることで、その知の蓋然性を高める事は出来る。しかしながら、決してイデア的に真理と呼ばれるものを把握することは出来ない」と、筆者は考えている。
　また、新しい考えを受け入れる、つまり柔らかい頭を持つということは、どんなに大きな構築物を長年作り上げてきていたとしても、それが新たな事実と上手く関係性を作れない時に、それまで作り上げた構築物を壊す勇気を持つことであると、筆者は思っている。
　無論、本論文も、これまでの考えを批判的に乗り越える事で、新たな関係性を見出そうとするものである。しかしながら、上記の不可知論の立場から、あくまで蓋然性を問う形で本論文は展開される。また本論文で扱う内容は、自然科学でよく見られるような、特殊な研究を行う研究者のみに知られるようなものではない。いやむしろ、どのように深く研究する研究者であっても、その全容を把握することは出来

ない事である。しかしながら、その断片は一般の人々によっても広く知られている。そこで、本論文の蓋然性を高めるために、従来の方法ではないかもしれないが、広く一般の方々にも、その蓋然性を問う事を念頭に据え展開されるものである。

目次

序文：知について 4

序章 10

第一部：経済とは「助け合い」である。 17

   1 経済＝互助の提示 17

   2 市場経済における互助の仕組み 17

第二部：助け合いで紐解く人類史 22

   3 原始（数百万年前～） 23

   4 定住（約1万3000年前～） 29

   5 強制：争いの時代 33

   6 取引：無意識の助け合い 46

   7 動力：新たな労働力 51

   8 発展に反するネガティブな歴史 55

   9 まとめ 57

第三部：経済の仕組み 58

   10 助け合いのメリット 59

   11 生産 63

   12 方向性 69

   13 助け合いの仕方 77

   14 助け合いの範囲 93

   15 貨幣：助け合いの媒介物 94

   16 現在の経済の仕組み 100

   17 まとめ 103

第四部：新たなる解 105
18 価値のパラドックス：二つの側面 105
19 計画経済と市場経済：価値観と判断力 109
20 失業 117
第五部：経済学の現実 137
21 経済学批判 137
22 本論の位置づけ 143
23 結論 145
まとめ 146
謝辞 148
参考文献 149

序章

　経済とは何か？経済の意義とは？何故人類は発展してきたのか？貨幣とは？国家とは？政治と市場経済の関係性とは？失業が起こるのはなぜか？グローバル化の意味する事は何か？
　これらの問いにハッキリ答えられる人はいるだろうか？これらの疑問が対象とする事象は、どれも曖昧、あるいは複雑で、ハッキリした答えを用意する事が困難に思えるのではないだろうか？

　本書で言いたい事を簡単にまとめるなら、「新たな見方をすることで、複雑に見えていた現実の経済や社会の仕組みを、秩序立てて説明する事が出来る」という事である。つまりパラダイム転換であり、その新たな見方が、本書が提示する原理となる仮説「経済とは助け合いである」という事である。
　経済の仕組みを認識するために我々が気付くべき原点は、我々が助け合い無しでは生きていけないという事実である。そこを原点と捉えることで、なぜ我々が助け合う必要があるかも、我々が現実に助け合いをしている事も、理解出来るようになる。つまり、我々は助け合う事で生き残り、更には発展を遂げてきた。
　その助け合いとは、自分自身の判断や認識に基づくものだけではない。つまり、我々の判断や認識を超えて行われる助け合いが存在している。そのせいで、我々はそれらの助け合いを、助け合いだとは認識できなくなっているのではないか。しかし、助け合いだとは認識できなくとも、生活を支え発展を生み出すそれらの行為が存在している事は認識しており、それらの行為を経済と呼びならわす様になっているのではないだろうか。
　例えば、現実の経済という時に念頭に浮かぶと思われる市場経済、つまり貨幣を媒介にした取引の経済は「無意識にであっても、貨幣を受け取る時に助け、貨幣を払う時に助けてもらう様な助け合いの仕方である」と説明する事が出来る。言わば、市場経済において貨幣は「助けた証」であり「助けてもらう権利」と言える。しかしながら貨

幣がそういうものとして作られたのではなく、このような機能を持つものを貨幣と呼んでいるだけである。

　また、経済が助け合いであると捉える事で、市場経済に限らず、現在における政治やボランティア、あるいは地域社会、ひいては友人関係に見られる助け合いまでも、単一助け合いという概念で見る事が出来る。これにより、それぞれが一つの補完しあう助け合いのシステムと見なす事が可能となり、その関係性を理解出来る様になる。その違いは、助け合いの判断の仕方であり、貨幣の存在の有無などではない。仮に貨幣を使っていたとしても、判断の仕方に違いがあるなら、違う助け合いの形として認識し、その良し悪しを考える事も出来るだろう。例えば、ギャンブルや税金も貨幣を使用する。しかし、これらの判断の仕方には違いがあり、別の助け合いの仕方として認識すべきである。

　経済が助け合いであったとしても、経済すなわち助け合いが全て良いかと言えば、それは別次元の問いである。何について助け合うか、あるいは何のために助け合うかによって違ってくる。本論で主張するのは、経済が助け合いであるという事実であって、助け合いが良いという事を言っているのではないという事である。後述するが、戦争のためにも経済は行われるし犯罪のためにも行われる。そのため経済自体について、経済的なものを全て良い、あるいは悪いと考える事は無意味である。

　この何について助け合うか、あるいは何のために助け合うかが本書で言うところの方向性であり、従来の経済学がおろそかにしてきた部分でもある。この方向性の概念を理解する事で、従来の経済学では上手く説明出来ていない現実も、秩序立てて説明する事が出来る。政治や市場経済などの判断の仕方の違いは、この方向性を決める判断の仕方の違いである。

　本論では、経済を助け合いであると捉えることで、我々の世界に関して、今までなされてきた以上に広い範囲で、秩序だった説明が可能なことを示すつもりである。しかしながら、その全てを本書で書き切れたわけではない。いや、むしろ、思い付きを基に、その青写真を簡

単に示したに過ぎない。そのため、科学と呼ぶには、あまりにお粗末なものである。しかしながら、この思い付きが証明されていく過程こそ、科学と呼ぶにふさわしいものであろう。ここから、その道が始まることを願うものである。

前提

　本書は、従来の経済理論が基本的に現実の経済を表すことが出来ていない、との前提で書かれている。実際、従来の経済理論は、その理論が通用するような仮想現実世界を前提としており、現実の経済を扱う事を諦めている様にさえ見える。結果として、現実の経済に対する認識に誤りや混乱を生み出していると筆者は感じている。これに関しては、第五部においてもう少し詳しく後述する。

　そのため、現実の経済に適合した理論を見つけ出すには新たな理論が必要である。

目的

　「科学の偉大な冒険とは、統一原理、つまり一見したところ当惑を覚えるような自然現象の混沌に秩序をもたらす原理を探究することだ。」（ダンカン、11頁）

　本書の目的は、我々が漠然と捉えている現実の経済に対して、その仕組みを秩序立てて理解する事を可能とする原理を明らかにすることである。

方法論

　本書では一般には馴染みが薄いかもしれないが、アブダクション（仮説的推論）と呼ばれる方法論を採用している。これは演繹法や帰納法に次ぐ第三の方法論とも呼ばれ、何か新しい考えを発見する際に

有効な方法論と考えられている。本書では従来の理論を否定し新たな考えを提示するために、このアブダクションを採用するものである[1]。

あまり馴染みの無い方法論であるし、本書を理解する上で重要であるため、紙面を割いて説明することとする。

アブダクションとは、パースによると、演繹法・帰納法に続く第三の方法論である（デイヴィス）。具体的には、ある仮説を推定し設定することで、それに関わる事象を広く説明できる様な仮説を、蓋然性のある仮説であると考える手法である。この手法は、一般に新しい理論の発見に使われるため、発見的手法ともよばれる。例えば、地動説は、それまで支配的だった天動説に対して、天が動いているのではなく地球の方が動いているのではないかという仮説を推定し、地球の方が動いていると仮定した方が、天が動いていると考えて作られた理論より、現実の事象を矛盾なく説明できたことにより、その地位を確立してきた（クーン）。この場合の地球が動いているのではないかと仮定した時点では、この説はただの予言でしかない。その仮説がそれ以前にあった説以上に様々な事象を矛盾なく説明できることによって、より蓋然性のある理論として、新しい理論となっていくという手法である。

---

[1] 正直に言えば、このアブダクションが新しい理論を発見する手法として優れているから、この手法を採用したわけではない。実際はたまたま筆者が行っていた思考法がこの様な手法であり、研究の過程で、この様な手法にアブダクションという名前が付いていることを知り、採用したというのが経緯である。つまり、筆者自身が経済は助け合いではないかと直感的に感じ、その観点から現実の経済や社会を見直すと、複雑に見えていたものが秩序だって理解出来るように感じたのが出発点であった。その後、この様な方法論をアブダクションと呼ぶ事を知り、それから今一度、より広い現実世界として人類史を洗い直していくと、それまで筆者が知らなかった事実も含め、本書で示すように、この考えと整合的に解釈出来る事が分かっていった。だからと言って、発見的手法であるからこの手法を採用したと前述したのは嘘ではない。名前は知らずとも、この手法が新しい考えを提示するのに最適な手法であると考えていたのも事実であるからである。

つまり、ある仮説により、広い範囲を一貫して矛盾なく説明出来る事を示すことで、その仮説の蓋然性を示す手法である。そのためには、一つ一つの説明は曖昧であったり、こじつけとも取れるものであったりしたとしても、広い範囲を一貫して矛盾なく説明出来ることが重要である[2]。要は、説明の厳密性以上に、いかに広い範囲が説明可能であるかを示す事が重要である。無論、その過程で明らかな間違いや矛盾が生じる場合、その仮説は否定される事になる。

本書においても、一つ一つの説明は曖昧でもあり、ともするとこじつけの様にも聞こえるかもしれない。しかしながら、ここで重要なこととは、一つ一つが曖昧であったとしても、それら全てが一つの仮説から説明されているという点にある。つまり、この仮説が正しければ、それらの説明も一貫したものとなるという点である[3]。これこそ、第三の方法論であるアブダクションによって示される蓋然性である。

また、本論文における仮説の設定は、筆者の現実の経済における経験を基礎にしている。とは言え、その仮説は言わば「ひらめき」に過ぎない。そのため、この仮説の導出に対して問題視する方もいるかもしれない。しかしながら、上記にも示したように、アブダクション的手法において仮説がどのように生まれたかを問題視する事は、あまり意味がない。問題は、その仮説が如何に現実をうまく説明できるかである。

---

[2]例えば、地動説においても地球と太陽の相対的関係だけを見れば、当時としてはこじつけともとれる説明を行っている。つまり、太陽ではなく地球が動くとする考えは、自分が動く場合に自分が動いているわけではなく、他のもの全てが動いているから自分が動いている様に見える、という様なこじつけとも捉えられる。しかしながら、その他の星の運行などが地球の方が動いていると考える事で矛盾なく説明できる事で、その蓋然性を獲得できる。

[3]本書でも、知識や道具を過去からの助けと解釈したり、あるいは貨幣を助けた証や助けてもらう権利として解釈したりしている。これらは、ともするとこじつけとも捉えられるかもしれない。しかしながら、この様に解釈する事で、知識や道具によって発展してきた様や、現在の社会がどのように動いているかを助け合いの観点から説明することが出来る。

以上述べてきたことからも、お分かりのように、ここより展開される理論は「ひらめき」に基づいたアブダクション的理論である。言い換えるなら、ただの推論である。繰り返すようだが、それは、科学というにはあまりにもお粗末な理論であろう。しかしながら、クーンも述べるように、パラダイムが立証されていく過程こそ科学に相応しい部分であり（野家）、ここから、その道が開けていく事を願うものである。

用語

加助と被助

　本論では「助け」という言葉が重要な概念となるが、「助け」という行為には二つの側面が存在する。つまり、「助ける」側と「助けられる」側である。本論では、この側面をそれぞれ「加助」と「被助」と呼ぶものとする。

「助け合い」と「互助」

　本論において「助け合い」や「互助」という言葉は、同じ意味で使われている。ここで言う「助け合い」とは、一つの助けを行うにも、様々な助けが集合することで可能になっている様な状態を指す。つまり、ナスを作る事で助ける場合、まずは畑を耕す必要がある。そのための鍬や鋤は誰かが作った物であるし、そこで働いている時に飯を誰かに作ってもらい食べることもあるかもしれない。その場合には、その飯を料理する者の助けも借りている。このようにナスを作るという助け一つを行う場合にも、様々な助け合いの結果として助けが実現している、というような助け合いである。

労働

　本論では助けるための働きを労働と呼ぶこととする。現在一般に使われている労働という言葉も、本来的に（自分を含み）誰かを助けるために働いている行為を指す言葉であると考えるからである。

働き

　働きは、労働を含め、それに限らず、助けにならなくとも体力など何かしらを消費して行う行為を指す。

ガイドライン

　本論は、従来の経済理論を根本から否定し、「経済=互助」との前提でアブダクション的方法論を使い、経済の仕組みを明らかにする理論である。ここで言う従来の経済理論とは、現実から乖離した前提条件の下に演繹的手法によって成り立っている理論である。

　第一部では、本論で展開される「経済=互助」の考えが決して倫理・道徳的考えではなく、経済の仕組みを明らかにしている考えであることを示すために、現在我々が最も身近に接する市場経済について、簡単にその仕組みを明らかにする。

　第二部では、「経済=互助」の考えに従い、産業革命までの人類史を再解釈する。また、それを通してアブダクションに必要な広範囲にわたる説明力を示す。

　第三部では、第二部で明らかにした人類史と助け合いの関係をもとに、経済の仕組みを明らかにする。

　第四部では、第三部で明らかにした経済の仕組みを使い、従来の経済学が答えを出せていない、あるいは誤っていると思われる問題に対しても、新たな解を提供できることを示す事で「経済=互助」という考えの蓋然性を示す。

　第五部では現在の経済学と本論との関係性を明らかにする。まずは経済学批判として、本書の考えの必要性を主張するため、従来の経済学を否定する理由を明らかにする。加えて、本論の現在の経済学における位置づけを明らかにする。

　つまり本論は、第一部で本論の考えの基本を示し、第二部でその説明力を試し、第三部で本論の考えを展開し、第四部で第三部の考えを基に再度本論の説明力を示すことで、その蓋然性を主張し、最後に、本論と従来の経済学の関係性を明らかにするといった構図をとる。

第一部：経済とは「助け合い」である。

1 経済＝互助の提示

　我々は、生きるための様々なモノを得るために、働かなくてはならない。少なくとも、人間は生きるために食べなくてはいけない。普通、我々は生きるため、食べ物以上のモノを必要とする(Darrow & Tomas)。しかしながら、一人の人間が出来ることは限られている(Vugt, Hogan & Kaiser)。もし、我々がエデンの園の様な楽園に住んでいるなら、一人で生きていくことも可能かもしれないが、現実にはほとんどの場所は一人の力だけで生きていける状況にはない。一方、人々が互いに協力することで、一人の力で出来る以上のことが出来る様になる（ダイアモンド）のも事実である。

　本論の基になる仮説である、「経済とは何か」という、根源的な問いに対する答えは「互助」である。つまり、経済とは「助け合い」のことを言っているというのが、本論で示される答えである。この様に書くと、「互助」という言葉のせいで、読者の中には、本論を単なる倫理や道徳に関する論であると思われる方もおられるかもしれない。しかしながら、本論で示される「経済＝互助」という答えは、決して倫理論や道徳論ではなく、普段から絶えず我々が行い、目にし、認識している経済そのものの事である。

　経済が「助け合い」のことであれば、経済の意義とは、一人で出来る以上のことを出来るようになることにある。この事は、経済（互助）が、一人で出来る以上の時間的、物質的、精神的余剰を作り出すことを意味する。このことはまた、一人では生きていけなかった様な弱者も、生きていけるようになることも意味する。

2 市場経済における互助の仕組み

　本章では、この「経済＝互助」との考えが倫理や道徳的な話ではなく、あくまで現実の経済の仕組みを表す考えであることを示すために、まずは筆者がもともと経済と聞いた時に想像していた市場経済について、簡単な説明を試みる。

この市場経済とは、交換媒体として貨幣を利用した取引の経済である。この部分を経済＝互助で捉え直す場合、次のように言い換えることが可能となる。

2.1 基本的関係性

簡潔に市場経済の仕組みを表すならば「助けた時に貨幣をもらい、助けられた時に貨幣を払う」事で助け合いを行うシステムと言える。

例えば、私たちが服を購入する際を考えてほしい。服を買うということは、自分では縫えない、または縫うための時間がない多くの人が服を買うことで、服を縫ってもらって助けてもらっていると言えるのである。つまり、売る側は服を縫うことで助けているのであり、買う側が助けてもらっているのである。そして服を縫った者は、その時に得た貨幣を使って食糧などを買うことが出来る。つまり、自分では作っていない食糧を誰かに作ってもらい助けられている。

こうすることで、一人で服も食糧も作るのではなく、服を作る人間は食糧を作る手間から解放され、服を作ることに集中することで手間を省き、また熟練度を上げることなどで、生産性や質を高めることが出来る。食糧を作る側も同様に、服を作る作業から解放され、食糧を作る作業に集中することで、生産性を高めることが出来る。アダム・スミス（2000-2001）の述べるように、このような分業の連鎖が、一人一人でそれぞれ作業をするよりも、全体としての生産性やその質が上がる点に、経済の根本的メリットがある。

更に言えば、服を購入する貨幣も、元々は誰かを助けたために得たものである。このように誰かを助けた対価として貨幣をもらって行う働きを、我々は一般に仕事と呼んでいる。つまり我々は仕事をすることで誰かを助け、その対価として貨幣を受け取り、それを使って誰かに助けてもらっているわけである。

すなわち市場経済とは、誰かを助けた時に貨幣を受け取り、助けてもらった時に貨幣を支払いながら助け合いを行う仕組みと言えるわけである。

2.2 助け合いの連鎖

　ほとんどの場合、売っている者が服を縫っているわけではない。この場合はどうなるのだろうか？この場合、一般に想定されるのは製造と小売の業者が違う場合である。小売業者は確かに服を縫っているわけでは無い。そのため、まずは製造業者から服を仕入れなければならない。つまり、製造業者から服を買っているのである。この時、小売業者は製造業者に服を縫ってもらって助けられているのであり、製造業者は服を縫って助けているのである。そして、小売業者はこの製造業者の助けを借りて、最終消費者を助けるのである。また、極端な意見を言う者の中には、この小売業者が搾取をしているという者もいるが、この小売業者がいないと、製造業者も助けることは出来なかったであろうし、最終消費者も助けてもらえなかったであろう。つまり、この小売業者は、この助けを実現させた連鎖の途中に位置しているのである。それは、卸売業者の存在も同様である。このように連鎖の中に位置する者達は、お互いそれぞれに助け合って、最終消費者を助けているのである[4]。

　また、現在の市場経済による助け合いは、身の回りや国内だけで行われているのではない。車の部品にしても各種の野菜や果ては知識まで、グローバル経済ともいわれる現在、我々は既に一国のみの助け合いで成り立っているわけではない。

　つまり、グローバル化の流れの中、我々は世界中の人々との助け合いの連鎖の中で生活しているのである。

2.3 貨幣について

　上記で示したように、市場経済では、助けた時に貨幣を受け取り、その貨幣を使って助けてもらうわけであるから、市場経済における貨幣とは「助けた証」であり、同時に「助けてもらう権利」と言える。このように貨幣を認識出来ると、経済が助け合いであるという意味も、より分かりやすくなるのではないだろうか。つまり、我々は誰かを助

---

[4] 一つの製品を作るのにも、多くの助けを我々は必要としている。車ひとつが出来上がるにしても、およそ3万個の部品が必要と言われている（トヨタ自動車WEBサイト）。

ける（仕事をする）ことで貨幣を得て、その貨幣を使う（自分では作っていない、食糧や服を買う）ことで誰かに助けてもらいながら生活をしているのである。[5]

2.4 助けている相手

　一般に貨幣を受け取る時とは、私たちが働いた時である。つまり、自営業者であれば、彼らの商品なりサービスが購買された時であり、サラリーマンであれば給料をもらう時である。このように書くと、上記の「貨幣は助けた時にもらう」という文言を思い出して「サラリーマンの給料はお客さんを助けたからもらうとは限らない」と違和感を持つ読者もいるかもしれない。むしろ、お客さんを助けるような仕事を自分はしていないと感じる方もいるかもしれない。

　この場合のポイントは、誰がサラリーマンにとっての「お客さんか？」にある。筆者が聞いてきた範囲では、多くの場合お客さんと言えば、会社の取引先やお店に来てくれるお客さんのことだと思われている。しかしながら。サラリーマンが助けている相手はこの意味でのお客さんではない。この答えは、誰がお金を払っているかを考えると分かってくる。サラリーマンは誰からお給料をもらっているであろうか？お客さんからもらった代金は、会社やお店に支払われるのであり、サラリーマンの懐に入るわけではない。サラリーマンの懐に入るお金は、社長や会社から払われる給料である。つまり、サラリーマンにとっての本当のお客さんは、社長や会社ということになる。そして、その社長や会社が、社長や会社にとってのお客さんである、取引先やお店に来るお客さんを助けるのを助けて欲しくて、サラリーマンに給料を払っているのである。この関係も先に書いた助けの連鎖の中にある。つまり会社とは、社長以下、全従業員による、その顧客を助けるため

---

[5]ここで一つ誤解の無いように付け加えたいことは、貨幣額が助けた程度の客観的な量を表しているのではないという点である。これに関しても、後に章を割いて言及する。更に念を押して言うなら、この事は市場経済に関しての貨幣の話であって、後述する他の経済において当てはまる話ではない。例えば、ギャンブルで得た貨幣は「助けた証」ではない。しかし、市場経済で使う分には「助けてもらう権利」として機能している。

のユニットである。そしてサラリーマンは、その助けるためのユニットを助けることで給料を得ている。

　またこのことは、社長や会社が、サラリーマンが助けの連鎖に入る機会を提供していることも意味している。不景気の時などに失業率が話題になるが、この時に重要なことは、雇用を生み出すことである。そして雇用を生み出すとは、誰かを助ける機会を提供することである。つまり、社長や会社が、従業員へ助け合いの連鎖に入る機会を提供しているのである。

　ここでは、あくまで「経済=互助」の考えが、倫理論や道徳論ではなく、私たちが一般に認識している（と筆者が考えている）経済（＝市場経済）の仕組みも説明できることを簡単に示したにすぎない。
　しかしながら経済という言葉の範囲は、何も市場経済に限ったものではない。現在は下火になっているものの、マルクス経済学が扱っていたのは政府が行う計画経済である。
　また、語源的に見ると、英語のエコノミーは元々ギリシア語で家政を意味するオイコノミアを語源とする言葉である（井澤）。日本語の経済は、大辞泉（松村明）によると「『経国済民』あるいは『経世済民』の略で国を治め民を救済すること。政治」とある。これらの語源からは、政治を含め生活を賄うものを経済と呼んできた事が読み取れる。
　一方、経済を助け合いと捉えると、政治や家政を含め、我々の生活を賄っている社会それ自体、引いては我々の生活がなぜ発展してきたかを説明する事が出来る。そこで、次の第二部において、人類史の発展を助け合いの観点から説明することを通して、アブダクションの求める広い範囲での説明力を示す事とする。

第二部：助け合いで紐解く人類史

> 「歴史は有用な学問分野になるだろう。その有用性というのは、予言ではなく、過去と現在を考えるための枠組みを提供することである」（スタブリアノス、25頁）

歴史を見ると、多少の浮き沈みはあるが、大きな流れとして人類は発展してきたと考えられている（ダイアモンド、上巻 20 頁）。そこで、第二部では、我々の生活がどのように発展してきたかを助け合いの観点から説明することで、アブダクションに必要な広い範囲での説明力を示す。

あらまし

ここでは、第二部における全体像をつかんでもらうため、各章のあらましを述べていく。

第 3 章では、狩猟採集時代の発展を経済＝互助の観点から明らかにする。この時代の発展は、過去からの助けである知識や道具の利用、および言語の獲得を通じた助け合いの高度化で説明される。

第 4 章では、定住革命による発展の説明がなされる。これは、定住により道具の蓄積が容易になったことと、グループ規模の拡大に伴い助け合いの範囲が広がったことで説明される。また蓄積により略奪が容易となり、近接して生活することで摩擦が増え、争いが増えていったとの考えが示される。

第 5 章では、争いが増える中で強力なリーダーが登場し、そのリーダーに判断を委ねる事で、それまでは出来なかった灌漑事業などの大規模な助け合いや非生産階級の台頭といった、新たな助け合いが行われるようになっていく過程が説明される。また、判断を委ねる事が常態化することで支配権が生まれ、その支配権の及ぶ範囲が国として認識される様になる。この支配権の及ぶ範囲でリーダーの判断に基づいて強制による助け合いが行われる。この社会では、範囲内の出生率の増加や死亡率の低下、および戦争による略奪や侵略を通じて助け合いの規模を広げていった。

第 6 章では、前章までに示してきたグループの規模の増加に根差した意識的助け合いではなく、より無意識的な個別の助け合いについて説明がなされる。これは現在の市場経済に通じる助け合いのあり方で、取引の助け合いという事が出来る。この取引の助け合いでは取引を行う範囲の拡大が、助け合いの拡大を意味する。商人や市、貨幣といった存在が、この取引を拡大させてきた様が説明される。
　第 7 章では、家畜や機械・動力といった存在が、助け合いを増進する新たな労働力として社会の発展に寄与してきた様が説明される。
　第 8 章では、衰退・停滞・荒廃・疫病といった発展に対するネガティブな要素と助け合いの関係が説明される。

3 原始（数百万年前～）

　もともと人類は、数百万年にわたる長きにおいて、移動型狩猟採集生活を送っていたと考えられている（松木）。しかも、その初期においては狩りすらも自らの力では行えず、他の動物の食べ残しである屍肉あさりをしていたことが最近では指摘されている（松木；西秋）。このような人類が、狩りを行い、食物連鎖の頂点に君臨するようになるのは何故だろうか。本論ではこの理由を、人類が種々の助け合いを行うことで達成してきたものと考える。
　特にここで扱う移動型狩猟採集時代において大きな役割を果たしたであろう事に、道具と言語の使用が考えられる。以下では、それぞれを助け合いの観点から紐解いてみることとする。
　また、この時代には文字がまだ生まれておらず、その状況を知るためには、残された遺跡や遺物などをもとに類推をするほか無い。そのため、畢竟あいまいな事しか言うことは出来ない（佐原、58 頁）。しかしながら、アブダクションが有効に働くよう、その範囲であれ、説明を試みることとする。

3.1 道具（約 250 万年前～）

　元々は屍肉あさりをしていた人類であるが、そのうち道具を使用するようになっていく。この道具の使用を可能にしたのが、脳容量の飛

躍的増加によると考える者（松木）もいる。この説によると、前述の屍肉あさりによるタンパク質の摂取が、脳容量の増加に寄与したと考えられている。仮にそうでなかったにしろ、人類がある時期から道具を使い始めたことは、おそらく間違いないであろう。そして、その道具の使用が、人類の自然における地位を、屍肉あさりからハンターへと上昇させたと考えられる（松木；ダイアモンド）。

　その道具について、ここでは助け合いの観点から読み解いてみたい。この道具を助け合いの観点から見てみると「過去からの助け」と考える事が可能である。どういう事かと言えば、例えば槍の場合を考えてみる。槍は、その貫通力や遠くの獲物を狙える能力で、狩猟を助けてくれる。この槍を得るためには、まず槍が存在しなくてはならない。つまり、槍は作られる必要があるということである。この槍を作るという行為を考えてみると、我々が槍を作っているその時に、槍を使うわけではない。槍を作るのは、将来の狩りの時に助けとなるように、狩りの前に時間を割いて作っているのである。これは、槍を作っている時点の自分が、狩りをする時点の自分を助けていると考えることが出来るという事である。また、この槍を他人が使う場合も、槍を作った者が槍を使う者を助けているのである。この槍を譲り受けようと、奪おうと、あるいは拾ったものであったとしても、槍を使う人間にとって、槍の道具としての有用性は変わらない。つまり、槍を使う者は、その槍を作った者に助けられているのである。このように、道具を使う者は全て、その道具を作った者の助けを得ているのである。この事が示すのは、道具がそれを作った者の助けを内包しているということである。知識もまた、それ以前に獲得したものが、その後の助けとなるという意味で道具と同様、過去からの助けとみなす事が出来る。これらを活用することで、効率性やその質を向上させることが出来る。

　このように過去からの助け、つまり道具や知識を得ることで、人類は食物連鎖のより上位に達するようになる。また、これら道具や知識の出現が、食糧の獲得のみにとどまらず、生活の向上に寄与したことは想像に難くない。このことは、過去の助けにより、生活を向上させたと捉え直すことが可能である。

また、道具の持つ匿名性も考える必要がある。この事により、道具を持った者は誰でも、その助けを得ることが出来た。つまり、拾おうと奪おうと、その助けが得られたということである。これはすなわち、盗みや略奪を生み出す根本的な原因と考えて良いだろう。

3.2 言語

言語の使用がいつ始まったかについては、未だによく分かっていない。というのも、言語を使用した痕跡は、文字の使用とは違い、物理的に残りにくく実証がしづらいためである（西田）。ある説によると、喉頭の形状の変化から口から発する言葉としての言語の使用が指摘されている（ダイアモンド）が、それへの反論にもあるように、言語は手話など、ジェスチャーや音楽のような形でも存在し得る（酒井 in 松木、41-42 頁）。このことから、はっきりとしたことは言えない。西田（2007）は「言語活動を発達させた背景を、棒や石を持つことによる社会の危機に求めたことからして、人類出現の初期にはすでに原初的な言語があったものと考えたい」（252 頁）と述べている。また、学者によっては、約 5 万年前に道具がそれまでと比べ、急に複雑化する原因を、人類が言語を使用しだしたためとする見解を持つ者もいる（ダイアモンド）。「行動様式が一変し、現在の狩猟採集民と同様の食糧獲得戦略が現れるのは上部旧石器時代以降とみられる。45000 年前頃飛躍的に生じたようにみえる。言語の誕生との関わりが指摘されている」（西秋）と述べる者もいる。このように様々な説が存在し、一方でその証拠には確たるものが存在しない。そのため、いつから言語が使用されだしたかに関しては、ハッキリしたことが言えない。

しかし、言語の使用により他者との意思疎通が可能となり、助け合いなども進展したと考える事は、許される範囲の推論であるように思われる。ガゼルの群れを誘導し、群れ全体を一網打尽にする集団追い込み猟のための数キロにも及ぶ長大な石垣が発見されており、一定規模の集団とそれを統率する指揮者の存在が不可欠であることが指摘されている（藤井）。このような複雑な協力は、言語無くしては不可能であったと考えられている。

3.3 状況

移動型の狩猟採集生活を人類は長い間続けたわけだが、今後との比較のために、この時期の社会の状況を、その規模、助け合いの仕方、および労働量に関して触れておく。

3.3.1 規模

狩猟採集時代のグループは、大きくてもお互いを認知した100人程度のグループが、普段は更に小さなグループに分かれながら遊動していたと考えられている（松木）。

グループが大きくならなかった理由として、いくつかの理由が考えられている。ひとつには、土地の広さに対する食糧の獲得量が挙げられる。グループが大きくなれば、それだけ獲得すべき食糧も増える。その食糧を獲得する、つまり狩り場あるいは採集場となる、土地という観点から見れば、狩猟採集生活というものは土地利用効率の非常に悪い食糧獲得方式と言われる（ダイアモンド、上巻124-125頁）。すなわち、グループが大きくなるということは、広大な土地を必要とするということである。大きなグループを維持するだけの広大な土地を、徒歩だけで行き来しながら、グループを維持するのは効率が悪かったであろう。他にも脳容量から、人間が維持出来るグループの規模を指摘する研究もある（ロビン・ダンバーin 松木）。また、グループが大きくなると、もめ事も増えていく。ニホンザルの観察では、グループがある一定以上になると争いが増えグループが分裂し、その大きさが維持されるのが知られている（高畑、28頁）。そのため、グループの大きさも多少の差はあろうが、基本的に大きくなってはいかなかったと思われる。

3.3.2 分配：緊張の軽減

狩猟採集時代において、所有という概念はあまり強くなかったと考えられている。獲った獲物なども共同体全員で分けられていたと考えられている。現代においても、ごくわずかではあるが、狩猟採集生活を営む少数民族が存在する（西秋）。また、現在は存在しないが、か

つて存在が確認された狩猟採集民族の生活もいくらか知られている。彼らは、世界中に散在しているにも関わらず、同じ傾向、つまり希薄な所有意識や獲物を分け合うなどの行為が確認されている（松木；スタブリアノス；ダイアモンド）。

このような特徴は、争いを避けるために生まれてきたと考える者もいる（西田）。つまり、仮に誰かが獲物を捕らえ、それを独占しようとする時、他の者が飢えていた場合、他の者はその獲物を奪おうと襲ってくることがあり得る。この争いを避ける一つの方法が捕った獲物を分け合うことである。

また、蓄積が困難で、食糧獲得量にムラのある移動型の狩猟採集生活に適合した生活様式であったことも考えられる。つまり、食糧獲得量にムラがある場合、時に大量の獲物を獲得することが出てくる。そのような状況では、食べきれず残りが出ることになるだろう。また、残りを保存したとしても、多くを持ち運べない移動型の生活では、それでも残る部分が出てくる。このような場合、他者に分け与える事は、将来への保険の意味を持ちうる。つまり、獲れた時に分け与えておくことで、獲れなかった時にも獲れた者から獲物を分けてもらえるようになるという事である[6]。

また、道具なども一人で全て持ち運ぶのは大変であるが、シェアする事でより多くの道具を必要な時に必要な者が使える機会が増える。この様に、蓄積が困難な移動型の生活では、所有の概念よりもシェアをする考えが適合的であると考えられる。言わば、この頃の助け合いのやり方は、互いに分け合うという、助け合いと聞いた時に一般にイメージされるような、自然な形のグループ内での助け合いであったと考えられる（スタブリアノス；松木；フクヤマ）。

---

[6]これは何も大量に獲れた時だけに言える事ではない。むしろ、そうでない時から行う方がより意味があるであろう。なぜなら、大量の獲物を獲得した時だけ分け与えていたのでは、相手も大量に獲れた時のみ与えればよいことになる。一方、そうでない時に分け与えておけば、相手も同様に分け与えてくれることになるであろう。また、獲物が獲れない時に誰かが大量に獲れる確率よりも、少量でも獲物が獲れた者がいるケースの方が、確率は高かったと思われる。つまり、普段から分け与えあうことで安定的な食糧確保に寄与すると考えられる。

3.3.3 労働量：獲得とのバランス

　かつては、この頃の人類は飢えて一日中、食糧を求めて活動していたと思われていた。しかしながら、最近の研究では、多くの時代において、人類は、その後の時代以上に豊富な栄養を短時間の労働で得ていたと考えられている（スタブリアノス；フクヤマ）。これは、人類が移動型狩猟採集生活を送っていた時代の多くが、非常に良好な地球環境に支えられていたからだと考えられている。研究者によっては、最初の裕福な時代として捉えている研究者すら存在する（スタブリアノス）。また、狩りなどで、それ以上の獲物が見込める時であっても、必要以上の獲物を得るよりも、余暇を楽しむ方に時間を割いていたと考えられている（フクヤマ）。つまり、日々の食糧を獲得するために、ある程度働きはするが、それは生活の一部でしか無く、残りの時間は余暇として仲間と話したり遊んだりと言った時間の過ごし方をしていたと考えられている。そのため、この頃の労働時間は、その後と比べて短かったと考えられている[7]。

3.4 まとめ

　人類はもともと屍肉あさりなどで生活をしていた。それが、過去からの助けや自然からの助けである道具や知識を使うことで、それまで以上の能力を持つようになった。また、言語を使うことで、より活発に助け合いを行うようになっていった。その結果として、大型の動物も狩ることの出来る、つまり食物連鎖の上位に位置するようになっていったと考えられる。この頃のグループ規模は非常に小さな規模であったと考えられている。これは、規模が大きくなると分裂しやすい事と、食糧獲得の限界によるためなどが考えられる。更に、獲得した獲物は分配されていたと考えられている。また、そのために費やす時間はそれほど長くはなく、その後の時代と比べ労働時間の短い、ゆとりを持った時間を過ごしていたと考えられている。

---

[7]不毛の土地に思える現在のカラハリ砂漠の狩猟採集民でさえ1日に2～4時間を狩りや採集に使い、残りは余暇として活用している（西田）という。

4 定住（約1万3000年前〜）

4.1 定住革命

　かつては、定住生活への移行は、農耕との関連で指摘されることが多かった（羽生）。そのため、農耕革命や定住革命などと呼ばれる。ここで革命という言葉が使われるのは、その前後において著しい生活の変化が見られるためである。

　しかし、たびたび指摘されるように、農耕を行わなくても定住が見られるケースは、日本を始め北米沿岸部などで発見されている（羽生；スタブリアノス；松木）。これらの地域は、漁撈採集生活を送っており、回遊魚などのルートに拠点を持つことで、豊富な食糧を一年を通じて確保できたために定住が可能であったと考えられている（スタブリアノス）。

　他にも、定住生活が始まった場所が、どれも中緯度森林地帯であることから、四季の変化に対応するための備蓄の必要性が、定住を生んだと考える者もいる（西田）。この場合、農耕も定住の結果として考えられており、農耕を始めた結果として定住するようになったと考える農耕革命を信ずる者からすれば、原因と結果が逆に考えられていることとなる。このように、定住にいたる経緯に関しては、統一的な見解が存在しているとは言い難い。しかしながら、助け合いの観点から見ると、定住にいたった経緯は問題ではなく、むしろ定住により蓄積が可能になった点に大きな意味があると思われる。

4.2 蓄積：将来への助け

　移動型の生活を送っている時は移動の邪魔になるため、荷物は最小であることが望ましい（松木；松本、1996a）。しかし、定住を始めると荷物を減らす必要性が減る。これにより、過去の助けである様々な道具を蓄積することが可能となる。つまり、過去からの助けを、移動型の生活を送っていた時以上に受けることが可能になるということである。また、食糧の大量備蓄も可能となる。これにより、将来に備えて働く事が、それまで以上に意味のあるものとなったのである（松

本、1996a；フクヤマ；ダイアモンド下）。すなわち、それまでのように携帯できる範囲でしか過去からの助けを得ることが出来なかった場合、それを超えて道具を作ったり食糧を確保したりしても意味がない。これが、定住することで蓄積できるようになり、意味のあるものとなったのである。これにより、余った時間を将来のために使うようになり、働く時間が増えたことが予想される。

4.2.1 貧富の差

　共同で蓄積をし、それを分け合っている間は、グループ内に貧富の差は生まれなかったであろう。しかし、各自もしくは各家族によって備蓄がされるようになってくると、貧富の差が生まれてくることとなる（松木）。例えば、仮に同じ量の分配を受けていたとしても、消費量の違いで備蓄量に差が出てくる。また、グループの働きとは別に、各家族もしくは個人で余分に働き蓄積する事も可能になる。結果として、蓄積量に差が生まれる。つまり、貧富の差が生まれてくることになる。また、グループがより大きくなり、拡大家族内の各家族に耕作地が割り当てられるようになると、この傾向は更に増すこととなる。すなわち、耕作地の優劣やその使用法によって収穫量に更に差が生まれてくる（フクヤマ）。

　この貧富の差を助け合いの観点から見るなら、蓄えたものによって自らが助けを得る事の出来る能力の差であり、また、その蓄えたもので他人を助ける事の出来る能力の差と見なすことも出来る。つまり、食糧などの備蓄が多いという事は、その食糧によって、自分たちを含め、他人をも助けることが出来るという事でもある。

　この貧富の差は緊張を生み出す。そのため、この頃の社会には、ポトラッチに代表されるような、富裕な者が一時的な豪奢な分配によって緊張を緩和させる社会システムが見られる（アタリ；羽生）。

　狩猟採集生活においても、序列や階層と言ったものは存在していたとする説（松木）もある。しかし、この場合の序列や階層は、あくまで個人的技量により生まれるモノであり、上記のような蓄積物により生まれたモノではなかったと考えられている（松木）。

逆に言えば貧富の差が生まれることで、個人的技量だけではなく、過去からの助けを所有しているかによって、序列や階層が生まれてくるということである。この過去からの助けである備蓄物が家族内で受け継がれることで、家族間の能力の差が生まれるということである。

4.2.2 略奪

また、蓄積が可能となることで、奪うという行為も大きな意味を持つようになっていった。奪うという行為にもリスクはつきまとう。そのため、そのリスクに見合うリターンがないと略奪も行われにくい。移動型生活では、相手が持っている物も少なく自分が持てる物も少ない。そのためリスクに対するリターンが少なく、あまり略奪が行われなかったことが予想される。実際、狩猟採集時代の争いの形跡は、その後と比べ驚くほど少ない（Roper in 佐原）。一方、定住により蓄積が行われていくと略奪のうまみも大きくなる。

また、略奪という行為は奪う側から見れば一種の狩りである。この略奪という行為が、強盗や盗みといったネガティブな行為として捉えられるか、あるいは狩りというポジティブな行為として捉えられるかは、その認識する社会の範囲に規定されるように筆者には思われる。つまり、同じ社会の内部で行われるなら、社会内部の助けを増やすことなく秩序を破壊するだけの行為としてネガティブに捉えられるが、外部から略奪する場合、略奪した側の社会はより多くの助けを得ることになりポジティブに捉えることが可能となる[8]。

4.3 規模

定住生活に入ることで、グループの規模が大きくなったと考えられている。これは、定住型の生活では、生まれたての乳児などを連れて移動する困難が無くなるという点が考えられる（松木）。それにより出産が増える、もしくは死亡率が減少することにより人口が増加する。

---

[8] 「フランク族では、たとえば、敵から盗んでくることは合法とされていたが、これに対してフランク族同士では不法行為とされていた」"Grand Dictionnaire universel du XIX siècle", 1865-1890(15 vol. + 2 suppléments)（アタリ、157頁）

また、年老いても定住型の生活の方が生き延びる確率は高かったであろう（松木）。実際、この頃になると、数百人規模の集落が見られるようになる。これには備蓄による食糧の安定供給が考えられる。また、何より面積あたりの生産量の拡大が大きく影響したと考えられる。実際、狩猟採集時代と農耕時代における面積あたりの生産量には大きな開きがあったと考えられている（高宮；ダイアモンド下；松木）。これらのことは、一度に住む事が出来る人数の上限を規定することになる。このことは、漁撈採集による定住生活を行っていたグループの規模が一定以上には大きくならなかった事実とも整合的であると思われる。つまり、漁撈採集でも安定的な食糧確保が出来、定住生活を営むことが出来たが、生産量には限度があり、それ以上に大きくなることは出来なかった。それに対して農耕では、より多くの食糧を生産することが出来たため、より大きいグループを維持することが出来たと考えられる。また、その後の働きかけ（灌漑や品種改良など）を通じて面積あたりの生産量を増やしていくことで、更に大きくすることも出来た（松木；ダイアモンド）。[9]

　この場合、グループの拡大は生存率と出生率の向上による人口増加と考える事が出来る。つまり、血縁関係を持つ拡大家族によるグループが考えられている（スタブリアノス、34-35頁；ダイアモンド、下巻94頁）。

4.3.1 リーダーの登場

　上記のように、グループの規模が大きくなると、どうしても諍いや揉め事が多くなる（ダイアモンド；西田）。また、定住を行うということは、問題が起きた時に移動型の生活を行っていた時には出来た、分裂することで衝突を回避する方法が採りづらくなることも意味する（フクヤマ、上巻132頁）。つまり、争い事や揉め事も増すことになり、それを解決する必要に迫られることとなる。これを解決する手段として、年長者などの意見に従うという方法がある。富裕な者がリー

---

[9] また、農耕で飛躍的に摂取量の伸びた炭水化物が出生率を増加させるとする考えもある（松木）。

ダーとされるようなグループでは、リーダーには前述のポトラッチのような気前の良い分配などが期待されていた（アタリ；羽生）。このような行動を通じて、当時のリーダーはその威信を高めていたと考えられている。ただし、次の章で見られるような、リーダーによる強制的な支配がこの頃起きていたとは、現在発見されている遺跡や遺物の調査などからは考えられていない。つまり、助け合いの観点から見ると、この頃はリーダーを中心としたグループ内の合議によって、諍いを避け、助け合いが行われていたと考えられている（羽生）。

4.4 まとめ

　以上のように、定住型の生活に移行する事で、蓄積が可能となり、過去からの助けをより多く受けることが可能となった。このことは、将来に備えて働く事が出来るようになったという事でもある。また、定住が可能になった背景には、食糧の安定供給が考えられるが、これによりグループ規模の増加も見られた。それにともなう諍いなどを調停し助け合いを行うために、リーダーを中心とした合議が行われていた。

　これらにより、生産の絶対量が増え、革命と呼ばれるような発展が生まれた。言わば時空を超えた助け合いが生まれたため、定住革命が起こったと考えることが可能となる。負の側面としては蓄積により略奪のうまみが増し、略奪が増加したであろう点が挙げられる。

5 強制：争いの時代

　　「宿命派の立場をとるにせよ、狩猟採取民の戦争を認めるにせよ、旧石器時代の戦争の有無は何ともいえないという姿勢をとるにせよ、農耕社会が成立して成熟していく過程で、それより前の戦いとは質的にまったく違った戦争が本格的にはじまった事実は、誰もが否定しない」（佐原、59頁）

5.1 強制による余剰労働量の増加

　定住型の農耕生活は、人口の増加とともに集団間の略奪や侵略と言った戦争を生み出すこととなる（松木；佐原）。この人口増加や戦争

に対処するため、強制力を持ったリーダーによる支配が生まれてきたと考えられている（フクヤマ、上巻 131 頁）。そのリーダーの強制により、労働量の増加をともなう集約的な助け合いや、それまでには見られなかったような非生産階級の台頭（ダイアモンド）といった、新たな助け合いの進展が起こった。

5.1.1 戦争

佐原（1999）によると戦争の定義は、文化人類学的には「組織があって命令(指揮)と服従の関係をもつ集団と集団との争い」であり、考古学的には「考古資料にもとづいて認めることの出来る、多数の殺傷をともない得る集団間の武力衝突」という事が出来るという。

5.1.1.1 農耕革命と戦争

それまでも争いは起きていたと考えられる（Kunst in 佐原；フクヤマ；ダイアモンド）が、グループとグループが争い合うような、いわゆる戦争と言えるようなものが起こった形跡は、これ以前には、あまり発見されていない。一方、この頃から戦争が起きた形跡は非常に数多く見られるようになっている（松木；佐原；岡村）。このような結果が生じたのも、定住農耕生活の移行により、狩猟採集生活とは違い戦争が起こる状況が生まれてきたからだと考えられる。

考えられる理由としては、大きく二つ挙げられる。一つは前章の最後に触れた、蓄積による略奪のうまみの増加が考えられる。もう一つは農耕により、土地の重要度が増したことから、その土地ごと奪う侵略のうまみの増加が考えられる。争いが起こる原因は他にも考えられる（フクヤマ；松木）が、狩猟採集生活との違いを助け合いの観点から考えると、上記の二つが考えられる。

つまり、農耕定住生活による変化が、戦争による利益を生み出したとも言える。こう考えると、狩猟採集時代と農耕牧畜時代の戦争跡の顕著な差も説明できる様に思われる。

5.1.1.2 略奪の意味の変化

　同じ定住生活でも、狩猟・漁撈生活と違い、農耕生活では蓄積が特別に豊富な時期というのが存在する。いわゆる収穫期である。襲う側からすると、襲っても蓄えが少なければ当然成果も下がる。しかし、収穫期は必ず大量の蓄えがある時期である。つまり、一度に多くの成果が期待できる、効率の良い時期ということになる。これが狩猟・漁撈生活であれば、その蓄えが多いか少ないかは時の運であり、襲っても成果に乏しいことも出てくる。

　また守る側、すなわち農耕生活を送る側からすると、収穫した食糧を奪われるということは、それから約1年欠乏状態で暮らすことを意味する。すなわち、単にその日の食糧や、それまでの余剰が無くなるのとはわけが違う。狩猟・漁撈採集生活での略奪であれば、失ってもまた次の日に手に入れれば済む。農耕では通常次の収穫までには1年の期間およびそこで行う多くの労働が必要である。当然、守る側の必死さも変わってくる。その中で略奪が行われれば守る側も必死となり、大きな戦闘へと発展していく。結果として、現在発見されるような戦闘跡なども増えていくこととなったのではないだろうか。

5.1.1.3 侵略：土地の重要性

　先述したとおり、農耕とは土地に働きかけることで初めて可能になる生産手段である。そのため、農耕生活は土地の占有によって初めて可能となる。つまり、農耕生活においては土地の重要度が狩猟・漁撈採集生活をしていた頃に比べ、大いに増すこととなる（福井；松木）。

　侵略とは、略奪が蓄積されたものなどを奪って去るのに対して、襲った土地に居座り、土地自体を奪う行為である。更に言えば、侵略では土地だけでなく、支配権自体を奪うことで、より多くの労働力を手に入れ、より多くのものを生産できるようになるのである。また、土地からは特定の資源が産出することもある。これらの資源も土地の価値を高めることとなった。

5.1.1.4 戦争による利益の増進

　ここで挙げたような変化は、以上で指摘したように、戦争を行う利益へとつながっていた。また、ここで挙げた戦争による新たな利益は、助け合いの観点から言えば、どれも新たな助けの獲得につながる利益であった。

　襲う側は収穫期を狙って襲うことで、一度に多くの成果を期待できた。つまり、農耕民が長い間をかけて育ててきた作物をかすめ取ることが出来た。これは、農耕民が長い間かけて将来のために行ってきた助けを横取りする事である。

　また、農耕社会ではなによりも土地が重要となる。つまり、豊かな土地を獲得できれば富み、失えば貧するのである。ここに、土地を奪う侵略の利点が生まれてくる。また守る必要性も生まれ、大きくなったグループは共同で自分たちの土地を守ることになる。これを攻める側も規模が必要となり、その効率性から組織された争いである戦争へと発展していくことが考えられる。そして、この戦争への勝利が、自然からの助けである土地や資源、また支配領域の拡大により、助け合いの規模の拡大をもたらす。

　このように定住農耕生活においては、略奪や侵略といった戦争によって、新たな助けを獲得できるようになったことが、戦争の利益であり、これが誘因となって戦争が増えていったと考えられる。

5.1.2 強力なリーダー

　また、戦争それ自体が多くの助けを必要とする。作戦行動を行う兵士たち自身が助け合って作戦を遂行しようとしているわけであるから、そもそも戦争は助け合いで成り立っているということが出来る。言い換えると、戦争は経済によって成り立っている。更に、武器や糧食の調達などでも多くの助けを必要とする。目的を持って協力する場合、判断を行う者が複数いると混乱しやすい。更に戦いの場においては、判断の迅速性が重要な要素の一つになる。そのため、それまでは合議によって行っていた判断を、一任する必要が出てくる。これにより、

単なる助言者に留まっていたリーダーが、より強制力を持って命令する存在へと変化することになる（フクヤマ；ダイアモンド）。

5.1.3 強制による助け合い
　皆を動かすことの出来る強力なリーダーを得ることで、戦争以外にも様々なことが可能となっていった。大規模な灌漑事業なども、リーダーの強制力により実現したものだと考えられている（鶴間）。

　研究者の中には、灌漑事業などを施す事で生産性が上がり、人口が増加した結果として国が生まれたと考える者もいる（Wittfogel in フクヤマ；エンゲルス in 鶴間）。しかしながら考古学的には、国が出来る以前に大規模な灌漑事業が行われた形跡は、今までのところ見つかっていない（ダイアモンド）。つまり、既に強制力を持つような強力なリーダーが存在した国家によって、灌漑事業は実現していたと考えられている（フクヤマ；鶴間）。また、そうやって生産量の増えた土地は、他のグループにとっても魅力的な土地である。すなわち、略奪や侵略の標的にされやすい。という事は、土地を守る必要性が増すという事である。

　また、軍人や神官、書記と言った非生産部門が生まれてくるが、この維持のためには、それらの人々の食糧を他の者が作り出す必要がある。これらの食糧も、その他の構成員に作らせることによって維持できるようになってくる（金井・中西・福澤；ダイアモンド）。このように非生産部門が生まれてくることは、社会に新たな助け合いが生まれてくることでもある。つまり、軍人は戦いに関することを、神官は神が支配する自然とのつながりを、書記は文字を書き記録を残すことを、他の人々は食糧生産を、それぞれ専門に行う事で助け合うことが出来るようになる。これにより、個々人で全てを賄うよりも、より高度に行っていくことが可能となる。

　このように、それまでの合議による助け合いでは行われなかったような助け合いが、強制力を持ったリーダーによって実現していたと考えられる（ダイアモンド）。この強制が、単独のリーダーではなく、全体に比して少数のリーダーグループのような物によって行われてい

た（金井・中西・福澤）としても、その違いは大きな問題ではない。ここで重要なことは、人々が誰かの判断のもと、強制によって助け合いを行っていた事である。

この誰かの判断に基づく助け合いには、それ以前に主流であった合議も含め、自分の判断に基づく助け合いとは大きな違いが存在する。

5.1.3.1 判断の違い

移動型の狩猟採集生活のところでも言及したように、その頃の人々は日に数時間の労働を行うだけで、残りの時間は楽しみに費やしていたと考えられている（フクヤマ）。つまり、自分の時間の使い方として、それ以上の獲物を得る以上に、楽しみを優先させたという事である。これは、自分の価値観にしたがった優先度の問題である。そして、この優先度と自分が払うコスト、この場合疲れや時間など、とのバランスで判断することとなる。

一方、同じ状況が他人の判断をベースにしていたら、どうなるであろうか。例えば、リーダーが他の者には別のことをさせるために、より多くの食糧を採りに行かせる事もありうる。もしかすると、自分のために、より良い獲物を探させるかもしれない。つまり、他人の考える優先度で判断がされる。その上、コストも判断者が受けるコストとのバランスということになる。これにより、自分で判断していた時では行わなかったようなことも行われるようになる。通常は休みが削られ、より多くの労働を強制されるようになる（フクヤマ）。つまり労働の絶対量の増加が起こったと考えられる。この労働の絶対量の増加が、リーダーの判断にしたがった目的に向かって集約されることで、それ以前には実現しなかった、その後の歴史を彩っていくような物事を実現していくことになる。その歴史が残る重要な一因である文字も、この強制による助け合いから生まれてきたと考えられる（ダイアモンド）。

5.1.3.2 望まれない発展

　この強制による助け合いが必ずしも良い成果を生むわけではない。歴史を見ると、暗君や暴君と呼ばれるリーダーの例に事欠かない。このような社会に受け入れられない考えや行動をするリーダーの強制によっても、この助け合いは行われる。結果として、人々が求めるような成果とはほど遠い、無駄とも言えるようなことも行われてきた[10]。

5.2 支配が可能になった理由

5.2.1 判断の移譲

　ある考古学的調査によると、狩猟採集時代には支配や被支配と言った身分の上下は、少なくとも固定的意味では存在しなかったと考えられている（ダイアモンド；フクヤマ）。また前述のように、初期の定住社会でもリーダーと目される人物が存在したが、それでもリーダーは決定権を持っているのではなく、助言者のような立場であったと考えられている（Fried, "Evolution of political society", p. 83. in フクヤマ、上巻 93 頁）。にもかかわらず支配の形態が生まれてきたのはなぜだろうか。

　それは、最初から支配するためにリーダーが現れたわけでは無いからでは無いだろうか。ちょっとした判断、特に難しい判断は道理をわきまえている人や得意な人にやって欲しいと考える人は、現代でも意外に多いのではないだろうか？景気や社会の問題を政治家のせいにするのも、その判断は政治の専門家の仕事だと考えているからではないだろうか。

　つまり、リーダーを立てるということは、判断を任せるということである。この判断の移譲度合いに応じて支配の度が増していくこととなる。最初は揉め事の解決のための最終判断や防御の指揮などの一時的な判断の移譲であったと考えられる（フクヤマ；青柳）。リーダー

---

[10]「搾取がおこなわれるか賢政がおこなわれるかは程度問題にすぎない−つまり、エリート階級が泥棒とみなされるか大衆の味方とみなされるかは、再分配された富の使い道に対する平民の好感度がどれだけかによって決まる」（ダイアモンド、下巻、101 頁）

はこのような通常では難しかったり煩わしかったりする判断を肩代わりすることで、人々を助ける存在として現れてきたと考えられる。

　防衛を含め、戦いに勝つには強力なリーダーが必要であり、戦いに勝つことは多くの利益をグループにもたらす。また、人は一瞬の熱狂に引きずられやすい側面を持つ。そのため、戦いでの勝利が更にリーダーへの依存を高めることになる。カエサル、ナポレオン、ヒットラーいずれも戦争への勝利によって判断を移譲され支配への道を開いていった（フクヤマ）。

　しかし、この判断の移譲が常態化してくることで、段々とその支配の色合いを増して行くこととなったのではないだろうか。歴史上でも、古代ローマ初期には自由を愛していたはずのローマ市民も、時間の経過とともに専制的な皇帝を受け入れることとなっていく（フクヤマ；塩野）。また戦争を通しても、支配はなされていった。つまり、征服民によって被征服民は支配されるようになっていった[11]。

　このように、これらの過程は時として何世代かに渡って築かれていったと思われる。そして、この判断の移譲が常態化している状態に生まれてきた者は、このことを当たり前と考えるようになる。つまり、王は生まれながらに王であり、支配も当然であると考えられるようになるのである。現在、我々が国という単位を当然のように受け入れて生活しているのも、それが常態化している状態に生まれてきたからではないだろうか。

5.2.2 仕組み

　支配する人口が増えていくと、グループの力は増していくが同時に問題も出てくる。それは、リーダー一人で増加した人口を支配するのに限度があるからである。ある調査によると人間が直接に管理できる人数には限りがあると言われている（伊丹・加護野、267頁）。つま

---

[11] ヴァルナは最初、アーリアとダスユ（敵）の二階級だった。「したがって、平等主義的な部族社会から階層化した国家社会への移行は軍事的な征服によって始まったのはあきらかだ。ダスユはもともと、征服者と『人種的、言語的に異なる人々』の意味であったが、それが後には、『隷属した、もしくは奴隷とされた人々』を意味するようになった」（フクヤマ、上巻235頁）。

り、一人の人間で支配することの出来る数には限りがあり、それを補うための仕組みが必要となる。この仕組みは大きく二つに分けることが出来るように思われる。一つは人々の判断を一様化させることで判断の必要性を下げる方法。もう一つは判断をする者を増やす方法である。

5.2.2.1 判断の必要性を下げる：ルール

> 「ルールによって社会の相互作用のコストが大幅に削減され、効率的な集合行動が可能になるという点において、ルールをつくることができれば、無駄が省ける」（フクヤマ、下巻252頁）

　このようなことが起こるのもルールに従うという行為が、判断の幅をルールの制約の範囲に狭めるという事と同義だからである。

　ルールにも様々な種類が存在する。中でも支配を支え、判断の必要性を下げるのに有用なルールとして、掟・慣習、宗教・道徳、法といったルールが考えられる。これらは一般に社会規範と呼ばれる（中村直）。

　社会規範とは望ましい行為を示すものである（小林）。そのため、それに従う事でトラブルを避ける事が出来る。これにより、判断が必要となるケースを減らす事が出来る。また、ケルゼンによると、規範それ自体はその判断を行ったものによらず存続しているものである（中村晃）。つまり、リーダーによるその都度の判断を必要としない仕組みでもある[12]。

　このように、これらのルールを活用することで判断の必要性を下げ、支配を可能としていったと思われる。

---

[12]実際には解釈などで判断は必要となるが、判断のためのガイドラインとなる事で判断に必要となるコストを削減する。また、ガイドラインとなる事で後述の官僚制度を利用する事を可能にする。

5.2.2.2 判断をする者を増やす：官僚制度

　グループが大きくなると判断が必要な場面も自ずと増えてくる。そのため、グループが大きくなるにつれ、リーダーが一人で対処する事が困難になってくる（フクヤマ）。その解決策として単純に判断する者を増やす方法が考えられる。そのための仕組みとして、官僚制度が思いつく。官僚制度は、支配者がその判断の一部を官僚に移譲することで、多くの者を支配する仕組みである。

　先述の軍人や神官、書記と言った官僚は、リーダーの判断を肩代わりする事で、その判断できる範囲を広げ支配に貢献したと考える事が出来る。この意味において、地方豪族や貴族と言った支配層全体を広い意味での官僚という事も可能であろう。つまり、リーダーの判断を肩代わりする存在である。

　これらの官僚を上手く支配下に置く、すなわち自らの判断の範囲に留める事で、広範囲の支配権を確立していった（金井・中西・福澤）。逆に留める事が出来なくなれば、支配権は弱くなり、最終的には取って代わられることとなる（アタリ）。

　また、その判断を履行させる者としての官僚の役割も重要である。仮にリーダーが良い判断をしていたとしても、履行者としての官僚がそれを上手く出来なければ、結果として人々に望まれる判断とはならず反発を招く事になる。判断の基礎となる情報がねじ曲げられる場合もそうである[13]。

5.2.3 支配の強化

5.2.3.1 武力の独占

　戦いのための武力の独占が、勝利により永続化する。この武力の独占により、平時でも強制が可能となってくる。なぜなら、一度武力が

---

[13] 退位したディオクレティアヌス帝の言葉「複数の高官が共謀して君主を欺こうとすることの、いかに多いことか。その権威ゆえに臣民から隔離された皇帝にとって、真実は分かろうはずがない。何事も臣下の目でみざるを得ず、また耳にすることといえば、それは虚言だけである。そのため、国家の重職まで、悪徳、惰弱な輩にあたえてしまい、かたやそれに価する高徳、有為の士には恥辱をあたえるはめとなる。まさに、最高の賢帝たちまでが、そうした奸計の餌食になっているのだ」（ギボン、254頁）

独占されてしまえば、それを使って平和の自己生産が可能となる。つまり、独占した武力で平和を維持することも出来るが、同時に危険も生み出せる。言い換えると、安全をコントロールし、極端に言えば、生殺与奪権を握ることとなる。これにより、人々に判断を受け入れさせる強制力を働かせることが出来るようになる。

　また、前述のように、危険に立ち向かうために人々はグループの規模を大きくするようになる。大きくなったグループを維持するためには支配－被支配の関係が必要となる。この支配を維持するための強制力の背後にはこの武力が存在する。そして、この武力があること自体が、危険な状況では、人々がその場に留まろうとする誘因にもなる。つまり、安全保障である。これにより人々は武力を受け入れ、結果として強制力を伴うことで、支配－被支配の関係を維持出来るようになる。つまり危険な状況でこそ支配－被支配を受け入れる土壌が生まれる。逆に言えば平和は、その存在意義を危うくする。

5.2.3.2 富の独占

　また、武力を独占できるようになると貧富に差が出て緊張が高まったとしても、それを押さえ込むことが出来るようになる。武力を背景にリーダーはもとより、リーダーにつながる者、あるいはリーダーが決めた法に保護される者、例えば、市民の財産は保護されることになる。また、この富の独占は助けを得る権利の独占でもある。そのため、人が助けを得るにはリーダー、もしくはリーダーに保護され富を独占するものに頼らなければならない状況を生み出すことになる。これにより支配は更に強化されることとなる。すなわち、人々が助けを得ようとすれば、それだけ支配を受け入れざるを得なくなる。

5.3 強制への道

5.3.1 国家

　支配される人が増えていき、その支配される人々が住む領域が一つのまとまりとして認識されていくことで、領域が決まり国となっていく（フクヤマ）。初期メソポタミアにおいて多くは都市国家とも呼ば

れ、防御のための城壁で区切られた内部が、その支配領域として認識された（松本、1996b）[14]。そして、その中でリーダーの判断に従い助け合いを行っていくことで、更なる人口を養えるだけの生産性を手に入れていく。そのうち武力でもってその支配権を広げ、また他の国を侵略することで、その支配権を奪い、より広範囲な助け合いを実現できた国が大国となり歴史に台頭してくることとなる。

5.3.2 戦争による淘汰

あらゆるグループにおいて、上記のようにリーダーの権限が強化、つまり判断の移譲がされてきたわけではないだろう。しかしリーダーの権限の強化に伴い、労働量が増加し、侵略により助け合いの規模を拡大してきた大国に、従来の合議による助け合いを行うだけの小さなグループで対抗していくのにも限度があるだろう（ダイアモンド）。

つまり、望むと望まざるとに関わらず、リーダーの権限を強化し、強制による助け合いで規模を拡大してきたグループに、そう出来なかったグループは、侵略、吸収され消えていくこととなった（ダイアモンド；フクヤマ）。逆に、それに成功したグループは規模を拡大し都市国家、そして大国へと成長していくこととなった。この過程で、強制による助け合いで規模を拡大できなかったグループは淘汰され、規模を拡大できた大国だけが生き残ることで、世界はそのような国々、つまり支配者に支配された国々、で構成される社会となっていった[15]。この構造は基本的に現代でも変わらない。

ギリシアや初期のローマのように、一見合議による助け合いによって台頭してきた小さなグループもあるかのように見られる。しかし、これらの国は、強制による統治を経験した後に、合議を中心とした民主制へ移行した国々であり（木村・鶴間；三島）、単に前章で扱ったような、ただの合議によるグループでは既に無かった。むしろ、次章

---

[14] エジプトでは城壁は造られなかったとの説がある（川西）。
[15] 中には、地理的な要因、土地としての魅力の欠如により淘汰を免れる地域もあった。日本では島国という地理的な要因により、農耕を知るのも遅れたが、同時に戦争も知らずに済んでいた（安田）。

で取り扱う、取引による助け合いを使うことで、グループの規模は小さくとも、助け合いを拡大できた国の一つである（周藤）。また、これらの国が基本的に奴隷制によってその生産性を獲得していた（金井・中西・福澤；アタリ；ロジャース；パターソン）事も忘れてはならない。

5.3.3 奴隷制
　奴隷とは完全な支配を行使される存在である。つまり、最終的な判断は主人によって行われることになる。ある調査によると、ノマド社会には奴隷制は皆無であり、遊牧民の三分の一には存在し、農耕民の間では一般的だと言われている（Mandel E., "Traité d'économie marxiste", Paris, Bourgois, 1986. in アタリ）。

　奴隷制度は、人類史の発展において重要な役割を占めていたと考えられている[16]。この奴隷制度を助け合いの観点から見るなら、奴隷側から主人側への極端に偏った助けであると考えられる。この奴隷制度が人類史の発展にとって重要だった点は、単に使役家畜のような労働力としてだけではなく、奴隷が主人の手足となって助けることで、その主人に政治や学問・芸術といった活動などにおいても、より以上のことを可能にさせた点も指摘出来る（ロジャース）。

5.4 まとめ
　強力なリーダーの出現により、強制力を行使することで、人々にそれまで以上に働かせる事が出来るようになった。これにより、非生産部門を抱えることが出来るようになり、文字の取得や灌漑設備の建設など、それまで無かった新たな可能性が開けていくこととなった。

　リーダーが強制力を持つようになるのは、判断の移譲がなされることでリーダーが生まれ、更に移譲が進むにつれリーダーは支配を増し、強制力を有していったからである。その結果、支配領域を持つように

---

[16]パターソン（1982）によると地球上に奴隷制を過去に持たなかった国は存在していない。また、この奴隷制度による強制労働から多くの生産性が生み出され、それによって更なる余剰人員を社会は抱えることが可能となっていったと考えられている。特に、ギリシアやローマは奴隷制なしには考えられない社会であった。

なり、支配権の確立した領域が国として認識されていった。更に、その支配権を巡る戦争も行われるようになり、他の国を併合・侵略して大国となる国も出てきた。

6 取引：無意識の助け合い

6.1 無意識の助け合い：グループの枠を超えた助け合い

　先に述べた、狩猟採集時代の自然な助け合いから定住以降の合議や強制による助け合いは、ある種意識的な助け合いということが出来る。別の言い方をするなら、意識できるグループ内での助け合いである。このため、如何にグループの規模、つまり助け合いの範囲を拡大するかが重要なポイントとなった。一方、ここで取り上げる取引による助け合いは、無意識の助け合いということが出来る。同様に、グループに縛られない助け合いということも出来る。すなわち、略奪に関する箇所で述べたような社会の範囲をどう捉えるかに関わらず、助け合いが出来るという利点がある。極論を言えば、敵だと思っている相手とすら助け合っていたということが起こりうる。つまり、グループの絆を超えた助け合いが可能となる。また、この事はグループの規模に縛られない、助け合いの規模の増加を意味する。なぜなら、グループの枠を超え助け合うわけであるから、取引を行う規模だけ、助け合いの規模も拡大していることになるからである。それは、グループの規模ではなく、取引の規模の拡大が助け合いの規模の拡大を意味するということである。

6.2 助け合いの進展

6.2.1 贈与交換：助けの押し売り

　ある程度までグループが出来てくると、グループ同士で贈与による交換が行われ出す場所なども出てくる。贈与とは本来、一方的な贈り物である。しかし、多くの研究が明らかにするように、古より人々は贈られたものには、返すべき何らかの債務のようなものが含まれていると考えていた（モース）。それを返さないということは、相手に対

して負い目を感じることであった。そのため、贈与された側が対等であるためには、それに応じた返礼が必要であった。つまり贈与に対して、別の贈与で応じるわけである。これが形式化していくなかで贈与の交換が生まれていった。そして、この贈与の交換によって互いの欲するものが交換されると、この交換はより促進され、お互いのつながりを強化させた。しかしながら、贈り物の延長としての物々交換では、本当に欲しい物が手に入るわけではなかったであろう。そのため、この時点では、あくまで、必要な物は自給自足しながら、そこではなかなか手に入らない物が、贈与交換により手に入ったという程度であったと思われる。

6.2.2 物々交換：必要とする助け合い

交換によって自分たちの持たないものが手に入ることに気付き出すことで、徐々にではあるが物々交換が行われるようになってきたと考えられる。物々交換が、贈与の枠を超え、取引として行われ出した当初は、大きな緊張があったと言われている。その緊張を和らげるための方法として、多くの場所で沈黙交易[17]が行われていた（アタリ；中村修）。

助け合いという観点からは、この物々交換も先の市場経済の例と同様に考えることが出来る。つまり、服と食糧を交換する場合、服を得た側は、服を作ってもらって助けてもらい、同時に食糧を作って助けているのであり、食糧を得た側も、食糧を作って助けてもらい、同時に服を作って助けているのである。

この物々交換が活発となり、必需品なども交換されるようになった所では自給自足の度合いも下がっていき、中には専門的な役割を担うようなグループも出てきた（後藤）。この状態は、先述のようにグループの枠を超えた助け合いを意味している。

---

[17]沈黙交易とは、その名の如く一言も発せず行われる交易である。大辞林（松村明）によると「交換者同士の直接的なやり取りなしに成立する交易形態。交易相手が特定の場所にあらかじめ置いていった品物がほしい場合、自ら持参した等価の品物と引き換えに持ち去る。無言交易」とある。

しかしながら、物々交換には大きな問題点がある。それはお互いの欲しいものが一致しないと交換が行われないという点である。つまり、仮に片方が米を持っていて、もう片方が魚を持っていた場合、米を持っていた方が魚を欲しても、魚を持っている方が米を欲しがらなければ取引は成立しない。この問題点を解決することで、次に示す商人や市、貨幣は取引の範囲を拡大していった。

6.2.3 商人：助け合いの範囲の拡大
交換を行えると、自分のグループの中だけで助け合いを行うのではなく、交換を通じて他のグループと助け合うことが出来るということである。また、このことは助け合いを行うのに、グループに属する必要性が必ずしもないということでもある。そのため、色々なグループを渡りながら、行った先々で物々交換などを行う者達も出てくる。後の商人の出現である。商人は複数の商品を持つことで、相手が交換したいと思う物に出会いやすく、その後に交換することを見越して、その時点で商人自身が必要としない物まで引き受けることで交換の機会を増やす。

6.2.4 市：助け合いの機会の拡大
更に日時や場所を決め、交換を行うようになってくる者も出てくる。市の出現である。市は人が集まることで合意できる可能性を高める。これが定期的になってくると定期市となり、そのうち恒常的になり市場が生まれてくる。ちなみに、有名な話であるが、今も残る二日市や廿日市といった地名は、この地で毎月二日や二十日に市が開かれていたためについた地名である。商人や市といったものの発生には地域差もあるであろうし順番も一様ではない。とは言え、このような物々交換も徐々にではあるが行われていったと思われる。

6.2.5 貨幣：時空を超えた助け合い

　この物々交換と市場経済との違いは貨幣の有無であるが、この交換において多くの人が交換したいと思う物、つまり交換力[18]の強い物が貨幣になっていく。例えば、ある市では塩が交換力の強い物であったとすると、市に来た者はまず自分の持ってきた物を塩と交換する。すると、その後、そこでは塩を欲しがる者が多いわけであるから、自分の欲しい物と塩を交換することが容易になる。そして誰もが塩と交換するようになると、塩を持っておけば誰とでも交換が出来るようになる。このようにして、塩が今で言う貨幣のような使われ方をしだす。現実にもローマ帝国において、塩は貨幣の役割をしていたようである。ローマでは遠方に赴く兵士の給与を現地でも交換しやすい塩で支給していた。実際、サラリーの語源は塩から来ていると言われている。

　メンガー（1982-1984）も言うように、このような多くの人に認められる強い交換力を持つ物が貨幣である。本質的には、貴金属であることや権威が認めたものであるから貨幣であるわけではないのである。この考えから言えば、映画などの刑務所のシーンであるような、タバコを使って取引をする場合、そのタバコはその場では貨幣なのである。ちなみに現代においても、アフリカのある地域では、味の素が大変人気で誰からも欲しがられるようになった結果、貨幣のように流通していたという話もある（安田、200頁）。この貨幣が登場することで、助け合いの機会は飛躍的に増大し、取引による助け合いも広がりを見せていく。

　そして、この貨幣はその本質的意味として、先にも示したように、市場経済における「助けた証」であり「助けてもらう権利」を意味している。貨幣とは交換力の強い物である。これを助け合いの観点から見るならば、多くの人が求める助けを内包した物ということになる。すなわち、貨幣を持つということは、多くの人が求める助けを実現で

---

[18]ここで言う交換力とは、いかに多くの人が、そのものと交換したいと思うかの程度を指す。上述のように塩を皆が欲しがっているのであれば塩は交換力の強いものであり、逆に特定の者しか欲しないような特殊な道具などは交換力の低いものと言える。

きる物を持っているということが出来る[19]。この貨幣の出現により、その時に被助を必要としない者でも加助を行うようになる。つまり、前もって加助を行う事で将来被助を受ける権利を手に入れる事が出来る様になったということである。

6.3 動機の増加

そして、ここで示された取引による助け合いの可能性は、今までの例と同様に労働時間の増加をもたらす。なぜなら、取引による助け合いでは、自らの欲しいものを手にするために自らも相手の欲しがるものを提供せざるを得ないからである。つまり、助け合いの機会の増大は、人々に新たな助けを認識させ（多様性の増加）それを求めさせることになり、それと交換するため自らも労働量を増やすようになるからである。

また、助けを得る権利を持つことで、将来へのリスクヘッジにもなる。この助け合いにおいては、基本的に前もって誰かを助けてその権利を得ていないと、助けて欲しい時に助けてもらえない。逆に前もって助けてもらう権利を持つことで、何かあった際にも助けてもらうことが可能となる。これが本来の貯蓄の意味である。この貯蓄を増やすためにも労働量を増やすこととなった。

6.4 もう一つの道

助け合いを行うグループの規模を大きくすることで助け合いを発展させてきた結果の一つが、前章で述べた強制による助け合いであった。一方、本章で示した取引による助け合いは、グループの規模を大きくすること無しに行う助け合いの形である。そのため、その規模を大きくし大国と呼ばれる国々と対等、あるいはそれ以上に渡り合った国々、

---

[19]これは、彼が過去にその助けを内包させた（つまり作り出した）か、その助けを得るに値する助けを提供した（つまり貨幣を得る見返りに何かを売るもしくは働くことをした）事を意味する。つまり、「助けた証」である。そして、その助けは多くの人が求めるわけであるから、その対価として他の助けを得ることが出来ることを意味する。すなわち、「助けてもらう権利」を意味している。

ギリシアやヴェネチアなどは、いずれもこの取引による助け合いを活用していた国々であった。

6.5 まとめ

人々はグループの絆を超えた無意識的な助け合いとして物々交換を始めた。これは初め贈与という形を取ったと考えられているが、そのうちより意識的な交換へと変化していく。この物々交換には一つ大きな問題点が存在する。それは、お互いの求める物と交換に差し出す物が一致しなくては取引、つまり助け合いが行われないという点である。これを解決してきたのが商人や市、そして貨幣であった。これらの登場により、人々はこの無意識の助け合いである取引を拡大していった。この取引の拡大は、人々に新たな助けを得る可能性を認識させ、また将来への備えをするために、交換する助けを生み出すための労働量と多様性の増加をもたらした。

7 動力：新たな労働力

7.1 家畜

7.1.1 家畜化の起源

家畜化は、現在発見されているその最古の証拠から、まだ移動型狩猟採集生活を送っていた1万2000年ほど前に、西南アジア、中国、北米などで犬を飼いならす事から始まったと考えられている。また、食用の家畜の起源は、農耕の始まったその少し（約500年）後、羊や山羊・豚を飼育することから始まったと考えられている。その後、8000年ほど前に牛、6000年ほど前に馬やロバが家畜化された証拠が見つかっている。牛は食用としてだけでなく、重い荷物を運んだり、人の手だけでは不可能だった荒れ地を開墾したりする際にも使われた。また、馬やロバは食糧としてよりも使役するために家畜化されていった（藤井；ダイアモンド上）。

7.1.2 使役家畜

　この使役家畜（食糧としての家畜ではなく労働用の家畜を指す）の使用により、人類は人同士の助け合いだけでは得られなかった力やスピードを手に入れることとなる。前述したように、牛を使った開墾や馬による移動が挙げられるが、特に馬のもたらすスピードは世界に大きなインパクトを与えた（ダイアモンド）。

7.1.3 馬

　　　馬の家畜化：BC4000 頃、車両の使用：BC3500 頃（メソポタミア：最初は去勢牛）、馬の飼育の普及：BC2000 頃、馬の引く古代戦車：BC2000 頃（メソポタミア）、遊牧騎馬民の普及：BC1000 頃（宮脇、4-5 頁）

　馬が家畜化されたのは、BC4000 年頃（約 6000 年前）である。馬の飼育が普及するのは、その 2000 年後の BC2000 年頃。この頃は戦車と呼ばれる馬の後ろに車両を着けたスタイルが主流であった。その後世界を席巻することになる遊牧騎馬民族の普及は、更にその 1000 年後の BC1000 年頃である。もしかすると、先に示した移動型狩猟採集民族とこの遊牧騎馬民族を同様に捉えている方もいるかもしれないが、遊牧騎馬民族の普及は BC1000 年頃、つまり 3000 年ほど前のことである。一方、人類が移動生活から定住生活へと移行する定住革命が起こったのが約 1 万年前である。つまり人類が移動型狩猟採集生活から定住型農耕牧畜生活に移行し始めてから数千年後に、遊牧騎馬民族が生まれてきたということである。このことは、数千年間定住生活を送るようになっていた人々の中から、遊牧騎馬民族は生まれてきたということを示している。無論、残存していた移動型狩猟採集生活を送っていた部族が遊牧騎馬民族のライフスタイルを取り入れたケースも否定はできないが、多くは定住農耕牧畜生活を送っていた人々の中から遊牧騎馬民族が生まれていったと考えられている（林）。

　そして彼らの登場が世界史に大きく影響したことは、よく知られている。ダイアモンド（2010）によれば、馬の存在は現在の戦車が出現

するまで、常に最強の移動手段として君臨してきたという。馬の使用が大きな影響を与えた軍事行動と言えば、古くはエジプト古王国時代を終焉させ、有名なところではモンゴル帝国の出現などが挙げられる。また新世界の征服も、病原菌や鉄器と言った要素とともに馬の使用が挙げられている。

7.2 機械・動力：産業革命

家畜の活用による変革の後、この動力に関して革命的な変化を世界に与えたものとしては、産業革命が挙げられる。この産業革命を導くことになるのが、機械化と蒸気機関といった、他の動力を使った疲れを知らない新たな労働力を手に入れたことによると考えられる。またその影響は、それまでに進展してきていた貨幣を利用した国際的な市場により、国際的に波及していくこととなった。

7.2.1 機械化

1764年頃のジェニー紡績機の発明を皮切りに、紡績業から多くの機械化がなされていった。この機械化により、紡績の生産性が飛躍的に増大することとなった。このことは、新たな労働力の創出を意味した。つまり、人類は機械の助けを得ることが出来るようになったのである。

7.2.1.1 打ち壊し

この新たな労働力の創出は、新たな失業の創出でもあった。そのため、自らの生活を破壊されることを恐れた労働者らにより、機械の打ち壊し運動が起こった。この頃、人々は機械化により生活を奪われていく暗い将来を予感していたわけであるが、その後の結果は、社会全体のよりいっそうの発展であった。このことに関しては、発展と失業の関係性として後に詳述する。そのため、ここでは詳しい説明は省略するが、結論だけ述べるなら、ある種の失業は発展の成果であり、この失業が発展を生み出す。つまり発展する社会で失業は不可避の現象である。ある種の失業は発展の成果であり原動力であるから、逆にやみくもに失業を留めようとすることは発展を生まないようにすることであり社会は停滞する。

7.2.2 動力：蒸気機関

　蒸気機関を開発したことにより、人類はそれまでに比べ爆発的な動力を手に入れることとなった。特にこれにより実現した汽車や蒸気船と言った輸送機関の革命は、進展しつつあった国際的な市場経済を一気に押し広げることとなった（金井・中西・福澤）。

7.2.2.1 輸送コストの削減

　汽車や蒸気船の開発により、それまでには考えられなかったような規模とスピードの輸送が実現するようになった。これにより輸送コストが大幅に削減され、より広い範囲で助け合いが行われるようになった。

7.2.2.2 取引における輸送コストの持つ意味

　取引において輸送コストが大きい場合、被助と加助の必要度に双方ともに大きな違いが存在しなくては、取引自体が行われない。輸送が必要な場合は、実際に得たい被助を得るのに輸送をして助けてもらうことが必要となる。輸送コストが大きいとは、その輸送による助けの分が大きいということである。この部分が大きいとそこに対する加助の分が大きくなり、その部分を超えるだけの被助を求めていないと取引が成立しないということである。輸送コストが低い場合、この輸送に対する加助の分が減ることになり、同じ被助を得るのに少ない加助で済むことになる。そのため、より少ない必要度でも被助を得ようと取引が活発化することになる。

7.2.3 専門化

　機械化により生産コストが下がり生産量が増え、蒸気機関の活用により輸送コストが下がることで、それまで行われなかった助け合いも行われるようになってくる。つまり、それまで自給自足をベースに余剰分のみで助け合いを行っていた社会が、被助を受けるのに必要な加助が減ったことで、より生活に必要な被助まで取引で手に入れるようになる。そして、その被助を手に入れるのに必要だった労働力を、他の加助を行うために使うようになる。このようにして、それまで行わ

れなかった助け合いも行われるようになっていった。また、この割合が増えていくことで専門化が進んでいった。

7.3 まとめ

人類は家畜や機械・動力といった新たな労働力を手に入れる事でも発展をしてきた。助け合いという観点から見るなら、新たな労働力によって助け合いが進展するという考えは受け入れやすい結論であると思われる。これは単に労働力の量的な増加にとどまらず、スピードや大量輸送など人の手では不可能であったような助けを実現させる事でも発展に寄与してきたと考えられる。

しかしながら、目の前の仕事の機会といった視点で考えるならば、新たな労働力も機会の簒奪者と映った。そのため、産業革命時には機械の打ち壊し運動なども起こった。このことは、経済が全体としてどのように機能しているかを理解できないために起こった事である。これは何もこの時代に限らず、現在でも関税障壁の撤廃や新たな労働力の流入に対する議論で多々見受けられる視点である。

8 発展に反するネガティブな歴史

人類の歴史は発展の歴史であると書いてきたが、無論それだけではない。歴史を振り返ると衰退や停滞といった、発展とは相反する事態に陥った時期も存在している。本章ではそれらもまた、様々な助け合いの結果から生まれていることを示すことで、その関係性を浮き彫りにする。また、ネガティブに働きそうな疫病による人口減少がポジティブな結果を生んでいる場合もピックアップすることでよりその関係性を明らかにする。

8.1 衰退

人類の歴史が大きく見ると発展の歴史であったとしても、ある時代や場所だけを取り出せば、衰退と呼べるような場合も存在する。ここでは、その代表とも呼べるローマ帝国崩壊後のヨーロッパ暗黒時代について、助け合いの観点から見ていくものとする。

広大な規模を誇ったローマ帝国の崩壊により、まず強制による助け合いを行っていた規模が失われた。更に、戦争による荒廃などで過去からの助けである多くの道具や知識が失われ、治安の悪化による輸送コストの増加が取引による助け合いも縮小させた。結果として、各地に自給自足を原則とした小規模の集落が生まれた（ハバード＆ケイン；青柳）。この事はそれまで大規模な強制による助け合いや取引による助け合いで発展していた社会から、小規模なグループ内の助け合いのみが行われる状態に戻ったことを意味する。つまり、助け合いの規模の減少が衰退を招いたと考える事が出来る。

8.2 停滞

イギリス植民地以前のインドの社会などが考えられる。このインドの社会では、助け合いを固定するような社会が構築されていた。この時代のインドの社会ではカースト制度の下、新たな参入が規制され、あらゆる職業が固定化されていた（フクヤマ）。つまり、新たな助け合いの変化が基本的に起こらない社会システムが、長い間採用されていたのである。そのため、ここに変化をもたらすには大英帝国による侵略を待つしかなかった（フクヤマ）。

8.3 荒廃

荒廃という言葉は戦争や災害などにより破壊され、荒れすさんだ社会の状態を指す言葉である。様々な道具やインフラといった過去の助けを内包するものが破壊された結果、その社会は過去からの助けを得ることが出来なくなった状態ということが出来る。

8.4 疫病

疫病においても戦争と同様、社会は荒廃するように思われるが、疫病が発生した後、社会はむしろ発展したという見方がある（ハバード＆ケイン）。これは、疫病により多くの人が死に人口が激減したわけであるが、そのために一人あたりの土地や道具などの量が増えることとなった。この事は、一人が受け取る自然や過去からの助けの増加を

意味し、そのために一人あたりで考えると、社会は豊かになったと考える事も出来る。

8.5 結論
このように社会の衰退や停滞といったネガティブな結果に対しても、助け合いとの関連から説明が可能である。つまり助け合いが上手くいかなければ衰退や停滞もあり得るし、上手くいっていないように見えても、助け合いの観点から見て上手くいっている場合には、社会も発展してきたという事である。これらの事も、経済が助け合いであるとの本論の考えを補強する結果だと言える。

9 まとめ
以上で見てきたように、人類の歴史における発展の背景には様々な形態の助け合いの増加があった。そこには助け合いの仕方の変化、また、それに伴う範囲の拡大および余剰労働量の増加が見られた。より具体的には、過去の助けである道具や知識の使用。蓄積による、その使用の拡大。さらには助け合いの規模の拡大や強制による助け合いの発展。また、取引を通じた無意識の助け合いの進展や他の動力の活用を通じた助け合いの進展などが人類の歴史における発展をもたらしてきていた。つまり、人類の歴史における発展を助け合いの観点から説明することが可能であることを示してきた。このことを経済=互助の一つの例証としつつ、続く第三部では、ここで注目した要素がお互いにどう言った関係にあるかを明らかにすることで、経済の仕組みを明らかにしたい。

第三部：経済の仕組み

　この第三部では、第二部で見てきた歴史の中から、経済の仕組みを知る上で重要と思われる要素を取り出し、それらの意義や関係性を明らかにすることで、経済の仕組みを明らかにする。

あらまし

　ここでは、第三部における全体像をつかんでもらうため、各章のあらましを述べていく。

　第10章では、助け合いを行うメリットを再確認する。このメリットを要約すると、専門化による生産性の増加と助け合いの規模の拡大に伴う多様性の拡大ということが出来る。

　第11章では、助け合いの原動力とでもいうべき生産について、その関係性が明らかにされる。その関係性とは生産＝労働量×生産性で表される。労働量は労働時間と意欲および家畜などの外部労働から成っている。生産性は内部能力と外部能力および人工物から成っており、投資によって上がる。この分野に関しては従来の経済学でも研究が進められており、それほど目新しいものではない。

　第12章は、助け合いの方向性について書かれている。この方向性という要素は、従来の経済学に欠けていると思われる要素である。この方向性を端的に表すなら「何をして助け合いを行うか」である。方向性の中には更に、被助と加助の二つの側面があり、被助の側面は「何を助けてもらうか」であり、加助の側面は「何をして助けるか」である。この二つの側面が一致する事で助け合いは行われている。助け合いが意味を持つためには、被助の側面に一致するような加助の側面が求められる。しかしながら、高度な助け合いを行おうとすると被助の側面を予測して行う必要が出てくる。また、被助側も自らが必要とする被助を知る必要があるが、そこには価値観と判断力という混同して使われがちな二つの要素を考慮に入れる必要がある。

　第13章では、先の方向性を決める方法について書かれている。本論では、人類史の考察から大きく三つの助け合いの仕方について言及している。一つは、自然な助け合いであり原始の時代から我々が行い、

現在でも助け合いと聞いたときに思い浮かべる形態である。もう一つは、グループによる助け合いであり、計画経済や国の活動である政治はこれにあたる。最後が、取引の助け合いであるが、現在で言う市場経済などがこの代表である。本論では、以上の三つに特に言及しているが、他の助け合いの仕方も存在していると考えられる。また、これらの助け合いは個別に存在しているのではなく、互いに補完するように存在しており、この補完関係が社会を構成しているとも言える。

第 14 章では、助け合いの範囲について説明がなされている。略奪・差別・奴隷制度や愛国心、グローバル化、エコロジーといった問題はこの範囲をどう捉えるかで説明される。

第 15 章では、貨幣に関し、その意味や価格について今一度説明がなされる。貨幣とは「助け合いの媒介物」であり、その意味は「助けた証」であり「助けてもらう権利」である。また、価格とは被助側・加助側双方が合意に達した時につく相対的なもので、経済学が考えるような客観的な数値ではない。そのため、互いにとって合意が生まれる範囲でなら、いくらでも成立しうる。

第 16 章では、現在の経済の仕組みに触れている。ここでは特に現代経済の代表主体である国や自治体、および企業について、その仕組みを簡単に明らかにしている。

10 助け合いのメリット

第一部において「経済の意義とは、一人で出来る以上のことを出来るようになることにある」と書いたが、本章では経済、つまり助け合いを行うことで、どのようなメリットがあるのかについて、より具体的に考察を行う。助け合いのメリットとは、要約すると、専門化による生産性の増加と、助け合いの規模の拡大に伴う多様性の拡大ということが出来る。

助け合いによって生産性が上がる理由としては、いくつか挙げることが出来る。例えば、天職という考えがあるように、個々人の能力に差があるため、得意なものに集中することで、その能力を生かすことが出来る。あるいは、やりたいことにも違いがあるため、やりたい人

にやらせることで、その意欲を生かせる。また、同じ事に集中することで技術や知識を効率よく伸ばしていくことが出来る。作業から作業への移行に伴う準備時間などが減ることで、より作業に時間を割くことが出来る。などが考えられる。

多様性の拡大に関しては、一人では手の回らなかった様な優先順位の低いモノにも手を出せるようになる。他にも、一人では出来ないことも複数の助けを得ることで可能になったり、多くの人が助け合うことで少ない中では出来る人がいなかったようなことも出来る人が見つかったりすることでも可能性が広がっていく。また、多くの人と助け合う中で、新たなアイディアも浮かびやすくなる。

10.1 専門化：生産性の増加

ここで言う専門化とは、一般的に言うと、それぞれが役割や職業を持つことを指す。つまり、役割や職業と言ったそれぞれが違った専門的な分野に分かれて助け合いを行っていく事で、生産性を増加させていくことが出来る。ここでは専門化によって、どのように生産性が上がるのかを見ていくものとする。

10.1.1 能力

個々人には能力に違いがあり、能力に合った作業に従事することで生産性を高めることが出来る。

10.1.2 意欲

かつては労働と言えば、あたかも苦役かのような扱いを受けていた時代もあるが、労働とは必ずしも苦痛を伴うものではない（神戸大学、「X-Y 理論」）。中には、苦痛を感じながら労働を行っている者もるであろうが、同時に喜びを持って労働に従事している者もいる。この差は意欲となって現れ、その生産性にも違いを生み出す。天職という言葉もあるが、喜びを感じられる職業とは必ずしも一様ではない。つまり、個々人間で、ある人には喜びを持って取り組まれる労働が、別の人によっては苦痛となり得ることもある。そのため、意欲を持っ

て取り組める仕事に就くことが出来れば、その生産性も高めることが可能となる。

10.1.3 技術・知識
我々は経験し学ぶことで、技術や知識を得て加助を行う能力を伸ばしていくことが出来る。しかし、そのためには時間が必要となる。専門化することで、この技術や知識を伸ばす時間を効率よく集中して獲得することが出来る。

10.1.4 効率性
アダム・スミス（2000-2001）の釘工場の例も示すように、我々は様々なことを一人で行うより、一つのことに集中して行う方が効率よく事を行うことが出来、生産性を上げることが出来る[20]。

10.2 規模の拡大：多様性の確保
規模の増加が可能にする職種の増加は、助け合いの多様性の増加を示している。つまり、様々な助け合いが行われる可能性を示している。

10.2.1 多様性
専門化により生産性の向上が期待できるが、同時に専門化は単純化の危険性をもたらす。これを防ぐのが多様性の確保である。つまり様々な人が、それぞれに違った専門を持つことで、生産性を上げつつ多様性も確保出来るようになる。そのためには助け合いの規模の拡大が必要となる。

10.2.2 可能性
助け合うことで、一人だけでは出来なかった事が可能になる。単純な例で言えば、一人では運べない大きな机も二人であれば運べるよう

---

[20]集中力などを発揮するにはある程度の時間が必要であり、一つのことに集中することで獲得できると考えられるからである。しかしながら、あまりに単調な仕事だけを行うと集中力が逆に削がれる場合もある。このような時は、ある程度の仕事の幅がある方が意欲を上げる事が出来ると考えられている（伊丹・加護野、401-402頁）。

になる。他にも、多くの人が同時に行うことで、初めて可能になることは規模が大きくなることで実現する助け合いである。

10.2.3 希少性
多くの人と助け合うことで、狭い範囲では出会えなかったような、希少な能力を持った人とも、助け合う可能性が増える。

10.2.4 アイディア
多様性は、何で助けるかと言った新たな方向性が増えることで拡大していくものである。この新たな方向性を生み出すアイディアが、他の人の意見などをベースに生まれてくることはよくあることである。そのため、規模の拡大により他の人の意見などに触れる機会が増すことで、新たなアイディアも生まれやすくなる。

10.3 経済発展の仕方
歴史を見てきても分かるように、ダイナミックな発展時には、まず労働量の増加や生産性の向上などで、余剰労働力が生まれる必要がある。その余剰労働力が、新しい分野、つまり新しい助け合いに振り向けられることで多様性が生まれる。この一連の流れが経済の発展過程である。ちなみに、助けて欲しいことが減少することでも余剰労働力は生まれる。そのため、この場合も、その余剰労働力が新たな助け合いに振り向けられることで、それまでには無かった新たな助け合いが生まれる。

ここから分かることは、失業は発展の兆候であるということである。すなわち、失業が生まれるとは余剰労働力が発生している状態である。この余剰労働力が新たな分野で生かされることで、経済は発展していくことになる。つまり、経済発展に重要なことは失業を発生させないことではなく、失業を新たな分野で生かすことにある。逆に失業の発生を抑制することは、インドの歴史が示すように、経済発展の機会を阻害することになる。

10.4 まとめ

　専門化による生産性の増加だけを問題にするなら、経済学が言うような単線的経済成長と同様であるように思われる。しかし、助け合いのメリットは生産性の増加だけではなく、多様性の拡大にもある。むしろ、この多様性が拡大していくことこそ、新たな可能性の創出を含む概念であり、経済発展と言える。その多様性を維持するためには、専門化による生産性の向上が基礎となるということである。歴史における発展過程も、労働量の増加が、この基礎となる生産性の向上を支え、それによって更なる多様性が生まれたために起こったと考えられる。

11 生産

　一般に商品や道具などが作られることは生産と呼ばれる。また、商品や道具は助けを内包した物である。そのため、ここでも助けが生み出された結果を生産と呼ぶこととする。ここでは、その生産に関し、重要と思われる要素について先の助け合いの意義との関係性を中心に明らかにする。

　また、単位労働あたり、つまり同じ労働を行った場合に生み出される生産量の違いを生産性と定義すると、基本となる関係性は、生産量＝労働量×生産性と表すことが出来る。この生産に関しては従来の経済学が研究してきた領域と重なる。そのため、従来の経済理論にも、あくまで傾向を表すという意味ではあるが、利用できる理論は多くあると思われる。

11.1 労働量

　第二部で見てきたように、我々人類は様々な助け合いを行うことでその余剰労働量を増やし、発展してきた。ここでは、その労働量についてもう一度整理をしてみることとする。

　第二部の内容から労働量について考えてみると、大きく二つに分類できる。一つは我々人類が行う労働の量。もう一つは家畜や動力による、言わば外部からの労働の量である。

11.1.1 内部労働：労働時間×意欲（やる気・集中力など）

現実の生活を振り返ってみると、この労働量は単純に労働時間のみで成り立っているとは考えづらい。つまり同じ労働時間を費やしても、その集中度や、やる気によって労働量は変化しているように思われる。この集中度や、やる気などの労働の質を左右するような要素を意欲と表すと労働量=労働時間×意欲の関係で表すことが出来る。

11.1.1.1 労働時間

助け合いの根本的要因として、そのために費やす時間、すなわち労働時間がある。労働時間が存在しない、つまり労働が行われないと、そもそも助け合いは発生しない。前章で見てきたように、様々な助け合いを行う中で、この労働時間を延ばし、我々は発展してきた。

また、助け合いの意義から考えると、この労働時間は専門化により他の労働への切り替え時間を節約することでも、長くすることが出来る。

11.1.1.2 意欲

やりたいと思うことで加助が出来れば、労働量が増えるということである。これも助け合いの意義、特に専門化に関わってくる。つまり、やりたいことをやることで、やる気が出て、労働量を増やすことが出来るということである。

11.1.2 外部労働

元々は、我々人類自身の労働のみで助け合いを行っていたと思われるが、そのうち家畜や動力と言った、人類以外の力も使う様になっていった。

11.1.2.1 家畜

前章でも触れたように、家畜は食糧としてだけではなく、労働力としても人類に貢献してきた。

11.1.2.2 動力
　ここで言う動力とは水力や蒸気、電力など機械を動かす力のことを指す。これらの動力は、意欲による変化のない、疲れを知らない、安定的な労働力を生み出す。現在では、この動力の使用により急速に経済は発展していると考えられる。

11.2 生産性：加助の能力
　それでは同じ労働を行った時に違いを生じさせる要因には、どういった要素が考えられるだろうか。まずは、各個人が持つ加助の能力が挙げられるだろう。しかしながら、我々は各々の能力だけで助けを生み出しているのではない。

　我々がまず生産しなくてはいけない物に食糧がある。この食糧生産に大きな影響を及ぼすものとして土地などの自然が挙げられる。我々は太古の昔から、自然に働きかけることで様々なものを得てきている。更に道具や機械といった過去の助けを借りることで、その生産性を上げてきた。

　この生産性を助け合いの観点から捉え直すと助けを行う能力、つまり加助の能力ということが出来る。

11.2.1 内部能力：労働する者が持つ加助の能力
　この能力は、その性質から三つに分類できるように思われる。一つは生まれつきの能力である資質。もう一つは経験で得られる技術。最後に見聞することで得られる知識である。

11.2.1.1 資質：生まれつき
　生まれつきの資質とその後に得られる能力を厳密に区別するのは難しい。これは長く議論されている分野でもある。厳密な区別は難しいとしても、この資質に違いがあることは大方の賛同を得ているように思われる。そして、この違いを有効に生かすことが助け合いの良さの一つを生み出すことになる。

11.2.1.2 技術：経験（熟練）
　人は経験を繰り返すことで、それに必要な能力を伸ばしていくことが出来る。そのため、専門化によって、専門的な分野に関して、より多くの経験を積むことが可能となる。つまり、専門化によって技術や経験を伸ばすことが出来る。

11.2.1.3 知識：情報・経験（学習）
　人はまた経験せずとも、見聞することで、その能力を伸ばしていくことも出来る。これは様々な人や機会あるいは本などに出会うことで伸ばすことが出来る。つまり、規模の拡大によって伸ばすことが出来る。これらは言葉・文字・見聞きすることから得る能力である。

11.2.2 外部能力

11.2.2.1 資源：自然からの助け
　自然が生み出す助けだけでは生きていけないほどの人口を持つに至り、我々は助け合いの仕方を変化させてきたと言えるのではないだろうか。

11.2.2.1.1 *土地*
　農作物などの食糧は、我々が土地に働きかけることで得てきたものである。その土地がなければ、農作物を育てる事もかなわない。

11.2.2.1.2 *自然物*
　古くは木材や石材から石油、レアアースに至るまで様々な自然に存在する資源の助けを我々は受けて生活している。

11.2.2.1.3 *家畜*
　例えば、馬の利用によって人間には不可能であった速度での移動なども可能にした。

11.2.2.2 人工物：道具・インフラ・機械：過去からの助け
　道具・インフラ・機械と言った物は必要労働量の少ない＝半永久的な余剰労働を供給する。しかし、前もって作られる必要がある。つま

り、この道具自体を得るために助けが必要である。また一般に、それを維持するためにも一定の助けが必要である。

11.2.2.2.1 道具
この道具を使って行われる助けは、その道具に内包された助けとの協業によって行われていると考えることが出来る。その道具の助けを借りることで生産性、つまり加助の能力を上げることが出来る。

11.2.2.2.2 インフラ
ここで言うインフラとは、加助の能力を上げられた土地の事を指す。つまり、田畑や道路などである。

11.2.2.2.3 機械
動力を生産に結びつける道具。

11.2.3 投資
生産性は、上記で挙げたような内部能力と外部能力に分けて考える以外に、元々持っていた能力と後天的に得た、つまり伸ばすことの出来る能力に分けて考える事が出来る。元々あった能力は資質であり資源である。内部能力である技術や知識、外部能力の人工物などは、伸ばすことの出来る能力と言える。

これらの後天的に得ることの出来る能力を得るには、その前に時間や労力が必要である。つまり技術や知識を得るには、その前に経験やその知識を習得することが必要になる。また、人工物は前もって作られる必要がある。

この前もってする行為が投資である。投資とは将来の生産性を上げるために前もって行う助けという事も出来る。つまり、投資を行うことで将来の生産性を高めることが出来る。

自然環境が過酷になるにつれ、本来、人類が生まれながらに持っている能力や環境だけでは生きていくことが不可能になっていった。その中で、この投資を行い、生産性を伸ばしてきたことで我々は発展してきたとも言える。

11.2.3.1 生産性の低下要因

「助けのための助け」が投資であると書いたが、この投資ではない助け、つまり最終的な成果としての助けを浪費と呼ぶこととする。そうすると、助けには大きく投資としての助けと浪費としての助けが存在することになる[21]。言わば投資としての助けが合わさって、最終的な浪費としての助けを実現する過程が助け合いである経済である。

この浪費ばかりが増えて、道具やインフラ、知識といった過去の助けを生み出す、あるいは少なくとも維持するための投資が行われなくなった場合、一時的には最終的な助けが増え社会は繁栄するが、その後、過去の助けを得ることが出来なくなることで、生産性が低下し衰退することとなる。この事は、来年の分の種まで食べてしまうことと同じである。

また、「助けのための助け」である投資にもならず、最終的な助けである浪費としても受け入れられなかった働きは、無駄な働きである。この無駄な働きが増えると、助け合いの意義が損なわれることになる。

これは災害などで様々な道具やインフラなどが破壊されることにも当てはまる。助けを内包したはずの道具やインフラも破壊されることで助けることが出来なくなる。つまり被助側にとって意味のないモノとなる。これにより内包されたはずの助けが生かされなくなると、生産性が低下し経済の衰退の一因となる。

11.3 結論

助けが生み出された結果である生産は、労働量×生産性によって生み出される。そのため生産量を増やそうとすると、労働量を増やすか生産性を上げる必要がある。

---

[21] しかしながら、現実の助け自体を明確に投資と浪費に区分することは難しい。それは被助側の受け取り方次第で、加助側からすれば同じ加助が、投資にも浪費にもなるからである。つまり、加助側からすれば同じ助けでも、被助側次第でその助けの意味は変わってくる。そのため、最終的な助けである浪費の側面を持ちながら、他の助けを行うための助け、つまり投資であるケースも存在する。例えば、習い事などは、習うことでその後の加助の能力を高める投資の側面があるが、同時に習い事自体が楽しみである場合には浪費の側面も持っている。

労働量を増やすには、単純に労働時間を増やす。もしくは意欲を上げる。または外部労働を利用する方法が考えられる。近代以降の急激な発展に関しては、この外部労働である電力などの動力による労働量の増加が考えられる。
　また、前もって投資を行うことで、生産性を上げることが出来る。逆に、それまでの生産性を無駄に使う、あるいは維持するための投資を怠るとせっかくの生産性も維持できなくなる。
　このように労働量を増やし、的確な投資を行うことで生産性を上げ、余剰労働力を増やしていった。この余剰労働力がいかされることにより、それまでは出来なかったような助け合いも可能となっていく。

12 方向性

　ここで言う方向性とは、多様性によって生まれる様々な助け合いの方向性、つまり何について助け合うかを指す。
　この助け合いの方向性は、「加助」助ける側面と、「被助」助けられる側面の二つの側面の一致によって成り立っている。言い換えると、助けるという行為は、加助が行われないと発生しないが、被助に受け入れられないと意味がない。例えば、服を作って助ける場合、服が作られないと助けにはならないが、同時に誰も服を必要としない場合も助けにはならないという事である。つまり、服を作るという加助の側面と、それを必要とする被助の側面が一致して、初めて助けとして成立するということである。
　しかしながら、助けるという行為は、加助側の一方的な判断で行われる場合も多く存在する。この場合、被助側がどう受け取るかが考慮に入れられていない。強い者が弱い者を助けるといった意識的な助けにおいては特に起こりやすい。これは助けが与えられるモノであり、助けられる側は黙って受け取るべきであるとの暗黙の前提があるためと思われる。
　この加助と被助の側面が一致する事で、助け合いの方向性が生まれる。つまり、何について助け合うかが決まる。多少ややこしいが、加

助と被助の側面の一致と、その結果として実現する助け合いの方向性の、二種類の概念が方向性にはあるという事である。

前章の生産に関しては従来の経済学とそれほど大きな違いはないと書いたが、本章で展開されるこの方向性に、経済学はあまり注意を払っていないように思われる。むしろ、貨幣量など数値化できる、言わば単線的な概念に経済を矮小化させることで、現在の経済学は成り立っている。しかしながら、この方向性の概念無くして、助けの結果である生産を、助け合いである経済に接続することは出来ない。結果として、作った物は全て受け入れられるとする様な極端な理論すら見受けられる。しかしながら、助け合いは本質的に被助側の必要から生まれる。そのため、被助の側面こそが経済の原点である。

また、この方向性を考慮に入れていないために貨幣量を調整するだけで経済が良くなったり悪くなったりするとの神話にとらわれている。地に足を付けて考えてみれば当然であるが、何を行うかが重要であり、単なる貨幣量の増減が経済の決定因子になるわけではない。最も大事なことは「何をして助け合うか」である。

本章では、「何をして助け合うか」という方向性について、加助と被助、二つの側面それぞれの注意を払うべき要素を中心に考察を行う。

12.1 加助

加助の側面とは、「何をして助けるか」である。相手が何を求めているのかが明確で、その助けを出来る能力がこちらにある時には、この加助の側面に関しての問題はない。

しかしながら、投資を考えると事はそれほど単純ではなくなる。前章で書いたように、投資とは将来の助けのために道具を作る事で助けを内包させたり、自らの能力を伸ばすために前もって助けを得たりする行為である。言い換えると、将来の生産性を上げるために前もって行う助けである。

例えば過去からの助けである道具の場合、道具を作る時点ではその道具による助けは実現していない。将来、誰かがその道具を使うことでその助けは実現する。言わば、道具を作るという行為は、前もって

「何をして助けるか」を決めて行われている。他にも、助け合いが発展し複雑化するに従い、多くの助けはその瞬間だけで行われるわけではなく、他の多くの助けの積み重ねの結果として、実現する様になる。こうなってくると、どの様な助けが必要となるか前もって予測して備える事が求められる。

例えば、工場での生産量の予測が実際に必要とされる量より多すぎた場合、言わば過剰在庫が生じてくる場合も出てくる。つまり、この何をして助けるかの方向性を見誤ると、折角の行為が助けとならないケースが生まれるということである。先の道具に関しても、何が助けになるかを見誤り、必要とされない道具を作っても助けとはならない。つまり、道具としての用をなさない事にもなる。また、自らの能力を伸ばすために時間を費やしても、その能力を手に入れたときには既にその能力が必要とされていないというような場合も出てくる。

つまり、予測であるから間違う可能性がある。これにより助け合いに無駄が生じるようになるのも、予測に基づいて方向性を決めるからである。そうであれば、単純に考えると、その無駄を無くすのに予測ではなく、相手が何を求めているのかを明確にしてから加助を行えば良さそうである。しかし、相手が何を求めているかを明確にしてから道具を作ったり複雑な助け合いを行ったりしても、そこから更に時間がかかる。中にはその時間のせいで助けが無意味になるケースも出てくる。つまり、加助の方向性を予測に基づいて行う事で、助け合いのタイムラグを無くし、スムーズな助け合いが可能となる。

12.1.1 予測

この予測には大きく分けて二つのタイプが存在するように思われる。一つは、それまでの経験などから予測可能な既存予測、もう一つは、それまでの経験などからは予測し得ない新規予測である。

12.1.1.1 既存予測

職業や役割が決まっている普段の生活において最も多く発生する方向性、つまり「何をして助けるか」は、既にそれまでにも日々繰り返

してきた方向性である。この場合、季節や状況による変動も生じるが、経験などを生かすことで予測が可能である。この場合、それまでの経験などが方向性を決めるのに重要な役割を果たす。

12.1.1.2 新規予測

先の既存予測のように、従来の経験から予測を見出せるモノもあるが、経験のない、つまり新規の方向性を見出すときにはこの方法は使えない。新しい状況に対応した助けを見出す時には、時に経験などが邪魔になる場合すら出てくる。これが誰かの求める助けを予測するのであれば、この場合我々が使うのが共感である。自分が相手の立場であれば何を求めるかを考えて予測することになる。この共感のマッチ度が高ければ相手の求めるモノが予測しやすいことになる。そのため、同じ環境で生活する小規模のグループなどでは比較的予測しやすく、規模が大きくなり環境が異なっていくにつれ困難となっていく。

つまり、予想だにしない状況に遭遇したり、規模が大きかったり、環境に違いがあったりするほど、加助の方向性を決める困難性を高める。新規予測では結果として方向性が合っていた、あるいは間違っていたとは言えても、本来的に正しい方向性というのは分からないのではないかと筆者は考えている。

12.2 被助

意欲の箇所で「やりたいと思うことで加助が出来れば労働量が増える」と書いたが、これはやりたいと思うことが仕事になるという意味ではない。根本的には被助側にとって助けになることしか助けではない。つまり、被助側に求められるものが仕事になる。たしかにやる気の出る、やりたい仕事の方が労働量は増えるが、根本的には、やりたいことではなく、求められるものが仕事になる。求められるものとやりたいものが一致すると、より良いというにすぎない。

すなわち、被助側が求めるものが助けとなる。この求める助けは、状況や環境に応じた被助側の価値観によって判断される。人間は最低でも生きるために食べなくてはいけない。更に暑さや寒さをしのぐ、

あるいは身の安全を確保することも求めるものである。これらは広く一般に求められるものである。つまり共通の価値観ということが出来る。この共通の価値観を持っていたとしても、その助けられ方に関しては様々な方法があり得る。これを判断するのが判断力である。正確に書くなら「助けてもらうことで何を得たいか」が明確な時に「どのような助けが必要か」を見分ける能力がこの判断力である。

12.2.1 判断力

　先に書いたような、何を得たいかが明確な時には、この判断力によってどのような助けを得るかが決められる。先に書いたような共通の価値観とは、原始の頃から長い間、人類が求めている、食欲を満たしたい、あるいは寒さ暑さを避けたいというような価値観であり、現在でも、その基本として存在しているものと思われる。このような価値観を満たす助け合いを行う場合にも、やり方は様々に存在する。より的確な助けられ方を見出す力がここで言う判断力になる。この判断力が悪い場合、大した助けにならない場合も生まれてくる。例えば、高いところにある物を取るのに、自分より背の低い人に頼んだり、あるいは服を作ってもらったりしても大した助けにはならないだろう。この場合は背の高い人に頼む、あるいは梯子や脚立などを作ってもらうなどが正しい判断力である。実際には高い物を取るのに服を作ってもらうような判断をする者はそれほど多くはないかもしれないが、より複雑な過程が必要な場合では、その判断力の優劣で助け合いの成果にも大きな差が生まれてくる。すなわち、判断力の優れた者に判断を委ねる意味があるということである。これは先の歴史での支配と関連する。つまり、判断力の優れた者に判断を委ね、支配を受け入れることが助け合いを上手く運ぶ方法となるということである。生産するために必要となる被助、言わば、必要な投資を的確に判断するのも、この判断力である。

　この考えに基づいて発展するのがエリート主義であり、計画経済である。しかしこの時に勘案されているのはあくまで判断力であり、後述する価値観ではない。方向性が決まっているとき、つまり何が必要

かが明確なときにはこの判断力が使える。しかし、その方向性自体を決めているのは究極的には価値観である。

12.2.1.1 情報

判断を的確に行うためには、正しい情報が不可欠である。いかに判断力が優れていても、情報が誤っていると正しい判断を行うことは出来ない。つまり、被助の判断を行う者のもとに正しい情報がもたらされないと、判断する者が求めるような助け合いは出来ないという事である。歴史上でも官僚の伝える嘘の情報のせいで国を誤ったリーダーは数多くいる。また、現代の市場経済では各人が消費者として被助の判断を行っているが、詐欺や誤表示などがあると、本来求められていたはずの助け合いが行われないということである。

12.2.2 価値観

判断力とは違い、価値観に優劣はない。なぜなら、その優劣を競うための判断基準こそが価値観であるからである。例えば、冷たいミルクとホットのブラックコーヒーのどちらが優れているだろうか？冷たいものが良い場合はミルクであろうし、温かいものが良ければコーヒーになる。あるいは栄養価が高い物を望むならミルクであろうし、カロリーが低い方ならコーヒーとなるであろう。この場合の冷たいものあるいは温かいもの、栄養価が高いやカロリーが低い、といった求める基準が価値観であり、それらの基準自体に優劣はないという事である[22]。そして、この価値観が決まっていれば、あるいは共通であれば、その優劣に関して判断が出来る。その判断の精度が判断力の優劣である。

先にも書いたように、人類には共通の価値観とでも呼ぶべきものが存在する。まずは誰でも食糧を必要とする。他にも、暑さ寒さをしのぎたい、安全を確保したいといった、衣食住や平和・治安といった事

---

[22] もしかすると、温かいや冷たいよりも栄養価が高い方が基準として優れていると考える方もいるかもしれない。しかし、この時、そう考える人は、暗黙の内に栄養価を優先させるような価値観を前提にしているのである。この時に一般的にそうであると考えるなら、その人がイメージする社会の価値観を優先しているということである。

に関しては人類全般が持っている価値観と言っても良いだろう。しかしながら、我々が求めるものは、この共通の価値観だけではない。むしろ人それぞれに多様な価値観を我々は持っている。そして、この価値観は客観的に良い悪いと評価出来るようなモノではない。

そのため、他の誰かが代わりに、より良い価値観に従って行動を選択するということはあり得ない。それは他の誰かの価値観の押し付けにすぎない。無論、先に述べたように、仮に価値観が似通っている場合、その判断力の差でより良い判断が出来ることはあり得る。つまり何が言いたいかと言えば、価値観と先の判断力とは全く意味が異なるということである[23]。

12.2.2.1 黄金律

助け合いと聞くと、黄金律「他人にしてもらいたいと思うような行為をせよ」を思い起こす方もいるかもしれない。しかし、多様な価値観を許容する社会においてはバーナード・ショウが言った「人にしてもらいたいと思うことは人にしてはならない。人の好みというのは同じではないからである」 "Do not do unto others as you would that they should do unto you. Their tastes may not be the same." (Shaw, P332)という考えも重要になってくる。

12.2.2.2 メタ価値

価値観は客観的に良い悪いと評価出来るようなモノではないと書いたが、メタ的思考から「それぞれの価値観を侵害する様な価値観は許容できない」といった価値観が他に優越するといった様なことは可能かもしれない。しかしながら、これは多様な価値観を認める、あるいは認めないといった考えと同様のメタ概念である。

---

[23] この価値観の差が交換を生み出している。逆に価値観が同じであればエリート主義の肯定材料となる。

12.2.3 予測と判断の関係性

　前述のように、被助側が求めるものが助けとなる。これの意味することは、加助側がいくら助けになると予測して行ったことでも、被助側に助けになると判断されなかったものは助けとならない、つまり無駄な働きとなるということである。逆に、加助側が助けになると予測しなかった用途でも、被助側が助けになると判断したものは助けとなる。極論を言えば、助けとなるかに関して、加助側の予測は重要ではない。すなわち、実質的に被助側の求める助けが実現していると判断されれば助けとなり、そうでなければ助けとならないということである。

12.3「助け合い」という言葉による誤解

　「助け合い」という言葉を使うと、何か全て良いことのように聞こえるが、決してそうではない。例えば戦争も助け合いがなければ遂行できない。盗みなどの犯罪も助け合いを通じて行われる事がある。
　ここで事の良し悪しを議論することは、本書の範囲を超える。そのため、本書で言えることは、「助け合い」であるからと言って無条件に良いことではなく、その被助の方向性次第で「助け合い」つまり経済の良し悪しも生まれてくる、という事である。

12.4 まとめ

　助け合いには加助と被助二つの側面があり、その双方の方向性が一致することで助け合いは行われている。
　単純な助け合いにおいては、その方向性は加助側による一方的なモノとなりやすい。しかし、助け合いが高度化するに従い、加助側は予測に基づいて必要と思われる加助を行う必要が出てくる。この予測は大きく経験などで予測可能な既存予測と共感などを基に、不確かな中で行われる新規予測に分けられる。
　また、被助側の方向性は、優先順位である価値観に基づいた判断力によって見出される。加助と被助の方向性が一致することで助け合いは行われるが、加助の方向性が被助の方向性と一致するかについて意

識的である必要はないし、意識的かどうかに意味はない。実質的に被助の求める方向性が含まれているかが意味のある点である。

　被助側は助けられる側であり、その文字どおり、基本的に受け身の存在である。にも関わらず、それが助けとなるかを決めるのは被助側であることが、経済に多くのジレンマをもたらしている。

13 助け合いの仕方

　前章までに、助け合いの意義や方向性について扱ってきたが、ここでは助け合いの意義を得るために、いかに二つの側面を一致させ、助け合いの方向性を見出すか、言うなれば助け合いの仕方を明らかにする。

　人類史で見てきたように、時代時代によって、人類はその助け合いの仕方を変化させてきた。ここでは、どのような助け合いの仕方が存在し、またどのような意味を持つのかを明らかにする。

　最も原始的な助け合いの仕方は、自発的に行う助け合いが考えられる。これは、もちろん現在でも存在する。親の子に対する愛などは代表的な例であろう。他にもチャリティーやボランティアなどもここに含まれる。根本的に人類は、このような性向を持っているために生き残ることが出来た。実際、このような状態は長く続いたと考えられている。しかし、環境が過酷になって行くにつれ、より高度な助け合いが必要となっていったと考えられている（伊藤俊）。

　助け合いを行う規模が拡大することで、より高度な助け合いも可能となっていく。しかし、規模が拡大すると揉め事などが起こりやすくなり、助け合いを維持する事自体が困難となる。このジレンマを克服する方法として大きく二つの仕方が考えられる。一つは大きくなる助け合いの規模を維持しながら、グループ全体で助け合いを行う仕方。もう一つは合意した時だけ助け合いを行う仕方である。

　グループ全体での助け合いでは、いかにグループの規模を大きくしながら助け合いを維持していくかが助け合いの発展の要となる。そのための判断の仕方の変化に応じて発展してきたと考えられる。一方、

合意した時だけの助け合いでは、いかにその合意の範囲を広げていくかが、助け合いを発展させていく要因である。

ここでは、それぞれの助け合いの仕方に関わる要因を明らかにし、その特徴を描き出す。

13.1 自然な助け合い

現在でも家庭内や親戚・ご近所づきあい、あるいは友人関係では自然な助け合いが行われている。このような間柄では、社会的通念の影響などは見られるにしても、特に誰が何をするといったことを決めたりせずとも、自然に助け合いを行っている。出来る者が出来る時に行うといった、一方通行の助けをそれぞれが行うことで成り立っている。情実を伴った助け合いであり、そのため関係性が近い者ほど助け合う傾向がある（フクヤマ）。逆に関係性が希薄になると助け合いも希薄になり、外部あるいは敵と見なす相手には、略奪など相手の不利益になることも厭わない傾向がある。

この助け合いが成り立つためには、それぞれが出来る時には助けようという意識が必要となる。そのため、如何に意識が保たれるかが重要である。意識の問題であるため、不安定な助け合いとも言える。恒常的に行われるためには、互いがその意識を保てるような密接な関係性が必要である。つまり、この助け合いが恒常的な状態であるためには、その規模に限界が出てくる。また、この助け合いでは通常、何をして助けるかは加助側の判断となる。

13.1.1 まとめ

助け合いを行うことで、一人で行うよりも多くのことが可能となる。その際、自然発生的に生まれる助け合いがこの形態である。しかし、この助け合いは加助側の意識に大きく左右されるため、不安定であり、その方向性は加助側の押し付けになりがちである。そのため高度な助け合いを行うのは難しい。より高度な助け合いを行うためには、別の仕組みが必要となる。

13.2 全体での助け合い

　グループ全体の助け合いでは、助け合いを行う上で、全体としての意思決定が重要となる。該当する経済は、計画経済であり、政府や自治体、あるいは企業内の助け合いの仕組みなどがこれにあたる。

　全体での助け合いでは、役割を必要に応じて割り振ることが基本となる。この割り振りが的確に行われることで、全体として機能的な助け合いが実現する。また、わがままに辞めたりすることで、必要な役割を担う人員が不足したり、逆に余ったりしないように、世襲制などで固定化すると言った方法も採られた。

　人数が増えれば、それだけ様々なことで助け合っていけるようになる。この人口増加は出生率の向上や死亡率の減少によって起こる自然増が考えられる。また、他のグループの侵略・併合により支配領域を広げることでも可能となる。そのため、侵略戦争は勝者にとって助け合いの範囲の拡大を意味する。

　しかしながら、グループの規模が大きくなると、助け合いの判断が難しくなる。これを乗り越え助け合いを継続するために、助け合いの判断の仕方も変化していった。

13.2.1 話し合いによる助け合い

　グループが大きくなると、お互いがどのような助けを必要としているかが分かりづらくなってくる。これを解決する方法としては、話し合いにより助け合いの仕方を決める形態が考えられる。これはお互いの求めるものがハッキリしない状況において、皆が協力的であれば、公平で理想的な助け合いのように思える。そのため現在でも地域のコミュニティーなどで何かを行う場合や、組織の内部などでよく用いられる方法である。

　しかしながら、それぞれがわがままを言うとなかなか結論が出ない。そのため、利害の対立の激しいことや、急を要することには不向きな形態である。この形態の場合、グループが大きくなると、利害の対立も多くなるし、合意を得るのにも時間がかかるようになる。そのため、素早く行動しないといけないような変化の激しい時期や、対立が多く

なってくると上手く機能しなくなる形態である。変化の激しい時期とは、急激な気候変動の時期や争いの最中などが考えられる。対立が多くなる状況としては、グループが大きくなってきた場合や閉ざされた空間に長いこといる場合が考えられる。逆に、利他的で、あまり環境が変化せず、小規模のグループに留まっている間は上手く機能する形態である。

13.2.2 強制による助け合い

　この話し合いによる助け合いの問題点を解決する方法として、誰かに判断を移譲することでわがままを抑え、より広い範囲での助け合いを可能とする方法がある。また、判断を移譲された者が決断する事で、素早い対応も可能な方法である。第二部で見てきたように、判断の移譲が常態化し、または武力と結びつく事で強制力を持ち、支配－被支配の関係が生まれてくる。そして、その支配のおよぶ範囲が助け合いを行う範囲となる。つまり、その支配権を広げる事で助け合いを広げる事が出来る。単純な形としては強力な権限を持ったリーダーの判断に従ったグループの中の助け合いであり、国や帝国などの主要な体制もこれにあたる。また、基本的な会社も組織内に関してはこの形態である。

13.2.3 特徴

　話し合いであれ、強制であれ、グループの助け合いでは被助の方向性の判断を行う際に、加助の方向性は決定している。つまり被助の方向性に応じて加助が決定されるため、加助と被助の方向性の一致は問題とならない。むしろ、その判断を話し合ったり一任したりして行われるのが、グループの助け合いである。しかしながら、この際の被助の方向性を決める判断は、決定者の価値観に従って行われていることとなる。結果として、他のグループ構成員にとっては求められていない助けが行われうる。そのため、他の構成員から支持される判断を行えば、より良い社会であり、そうでなければ、悪い社会と感じられる。あまりにも悪ければ反乱なども起きることとなる。

13.2.3.1 加助

　決定権を持つ者に必要と判断される被助が実現するよう、役割が割り振られる。また、労働時間に関しては自分の判断であれば働かなかった場合でも、他人の判断により働かされる状態となる。そのため、自然な助け合いよりも伸びる可能性が高い。しかしながら、自発的でないために、貢献意欲が低いと、生産性が低くなる可能性がある。これは意識の問題であるため、グループへの貢献思想などを与えることに成功する事で、生産性を上げる事が可能となる。効率性に関しては、加助と被助の方向性の齟齬が生まれず、計画に沿ってやることが出来るため、効率的な助け合いが可能となる。また、グループ全体として助け合いが配分できるため、集約化も可能である。

13.2.3.2 被助
13.2.3.2.1 価値観の統一と統一の価値観
　グループで助け合いを行う場合、グループ全体の価値観が判断する者の価値観とずれていると、良い助け合いとはなりにくい。そのため、価値観が統一されている方が、グループの助け合いは機能しやすい。現実にも、国の介入が大きい独裁的な国では価値観の統一が重要視されている。一方、独裁的でなくとも、統一の価値観を持つ社会では、グループの助け合いは有効に働く。宗教やイデオロギー、あるいは世論形成などを利用して行われる。更に言えば、統一の価値観を持てる部分においては、グループの助け合いは有効である。公共事業あるいは企業内や協同組合などが、そういう状況にあると上手く機能する。

13.2.3.2.2 判断力
　グループとしての統一の意思決定が行われるため、価値観が共有されている場合には、決定者の判断力が重要となる。ここから生まれてきたのがエリート主義であり、それを利用した計画経済である。

13.2.3.2.2.1 エリート主義
　愚かな民衆に代わって、優秀なエリートの判断によって社会を導く考えをエリート主義と考えるなら、統一の価値観を持ち、判断力に差のあるグループにおいては、助け合いを効率よく導く方策である。

13.2.3.2.2.2 計画経済

　各自が、てんでばらばらに助け合いを行うと、無駄が多く生じる。そこで無駄を無くし、より効率よく行うために、必要なものを計画に従って生産する方法を社会全体で行う経済が、計画経済である。本論の考えに従って書き直すなら、加助と被助の方向性に齟齬が生まれないよう、グループ全体での助け合いを計画的に行う事で効率性を達成しようとする助け合いの仕方となる。現実には、一部のブルジョワジーからの搾取を排除し、社会全体でその利益を享受しようとする社会主義、あるいは戦時中の統制時などに採用された経済様式である。

　主流派経済学では長い間、この計画経済が市場経済に匹敵、あるいはより優れた経済であると考えられてきた（尾近・橋本）。しかしながら、ソ連や東側諸国の崩壊により、その優位性が否定された（クルーグマン；ハイルブローナー）。この崩壊の理由に関しては第四部で言及するが、要約すると、価値観の違い、言い換えると方向性に関して考慮していなかったことが原因である。計画経済においては何が必要とされるか、すなわち価値観は自明のことであった。つまり何をして助けるかという方向性は重要視されていなかった。そのため、自明の必要な物を如何に効率よく計画的に作り出すかが問題であった。結果として、人々が求める助けが実現せず、闇市がその代わりに発展することとなった。

　価値観の違いを考慮していないという点では、主流派経済学でも同様である。そのため、計画に沿って効率よく行われる計画経済が市場経済に匹敵、あるいは優位な経済であると考えられてきた。このような事態が起きたのも従来の経済学が先に挙げた価値観、引いては方向性を考慮に入れていないからである。

13.2.4 まとめ

　この助け合いのメリットとしては、グループ全体で取り組むことで、個人や少人数では不可能であるような灌漑事業など集約的な助け合いが可能となる点。あるいは統一的な計画が実行出来るため、判断力に

優れた計画者がいると合理的な助け合いが可能となる点などが考えられる。

デメリットは、侵略戦争が規模を拡大させグループの助け合いにプラスの影響を与えるため、戦争が行われやすくなる点。また、統一の価値観を持つことがグループの助け合いを機能させるのに役立つため、価値観の押し付けが行われやすい点などが考えられる。

この助け合いのメリットを生かすには、判断力の高い判断を如何に確保するかが重要である。また、いかに価値観の統一性を維持、あるいは見出すことが出来るかも課題である。

13.3 取引の助け合い

一方、グループに縛られない助け合いの仕方も存在する。グループによる助け合いでは全体で助け合いが行われているのに対して、個別に行われる助け合いである。この仕方は、その場限りでの助け合いということが出来る。つまり、「これをする代わりに、これをしてくれ」といった取引が行われ、基本的にそこでこの関係は完結していると言える。これは、逆に言えば、合意が出来ない場合、助け合いが行われないという事でもある。これは相手に応えきれる助けが出来ないと助けてももらえないということでもある。その意味において、この方法は助け合いありきの方法ではない。むしろ、基本は各々で助け合い無しで生きながら、合意できた時だけ助け合いを行う形態とも言える。

取引の助け合いの問題点は、合意出来ないときは助け合い自体が行われない危険性があるということである。そのため、初期においては他の方法で助け合いを行う必要がある。他の方法で生活の基盤となる助け合いは確保しつつ、余裕分で取引の助け合いを行う必要があるということである。しかし取引の範囲が広がるにつれ、助け合い出来る範囲が広がり、専門的な職業をそれぞれが行う様な助け合いが出来る様になっていく。

この仕方では、その都度その都度の取引で関係が完結しているため、全体としての助け合いを考える必要がない。しかし、多くの人が、そ

の都度の助け合いを行うことで、結果として取引が行われている規模で無意識的に助け合いが起きている。

そのため、人類史で触れたように、商人や市、貨幣の使用などにより取引を拡大させることで、無意識のうちに助け合いの範囲を大きくしてきた。

また、この助け合いでは助け、つまり商品やサービスを得るためには、自らもそれに見合った助けを返さなくてはならない。そのため魅力的な助けが提案されることで、それを得ようと他の助けも活発に行われることとなる。これにより、労働時間も延びていったと考えられる。また、流通コストの削減などで必要とされる助けが減ることとなり、それにつれ、より多くの助けを取引により求めるようになり、より一層助け合いは進展することとなった。

13.3.1 市場：方向性を決めるシステム

グループでの助け合いでは、加助と被助の方向性の一致は話し合いや決定者の判断に委ねられていたが、取引の助け合いでは市場に委ねられている。現在、購買活動が行われる概念的な場のことを、一般的に市場（しじょう）と呼んでいる。ここでも同様に購買活動が行われる概念的な場を市場（しじょう）と呼ぶこととする。

現在では助け合いの多くの部分が、市場を通じて行われている。ということは、我々の購買活動が助け合いの方向性を決めているという事である。つまり、我々は購買活動を通じて無意識的に社会の方向性を決めている。

市場においては、グループの助け合いのように、誰かが意図的にその方向性を決めてはいない。それぞれが、それぞれの判断で助けを提案し受け入れ合っている。この結果として、多様な社会の方向性が決まっているのである。例えば、同一の商品が多数の人々に購入されていれば、その商品を生み出すための助けが効率化され生産性も向上していくだろう。一方、それぞれが同じでない商品を求めていれば、他との違いを強調するような新製品が提案されていくこととなる。また、昨今ではエコに対する意識が高まっているが、これもエコな背景を持

つ商品が購入されることで、社会はエコに配慮した方向に進展していく。このように、我々は市場を通じて、社会の方向性を無意識的に決めているのである[24]。

現在の市場では、加助側が先に提案し、被助側が受け入れるかを判断するケースが多く見受けられる。つまり、生産され価格をつけ店頭に並べられた商品を、消費者が購入するという方法である。しかし中には、オーダーメードなど被助側の提案を加助側が受け入れるか選択するケースもある。どちらにしろ、どちらか片方が取引の提案をし、もう片方が受け入れるかを選択するという形式である。この双方の合意により成り立っている。

一人一人の選択、つまり何を買うか、あるいはオーダーを受けるかが世の中の方向性を決めているわけである。

言わば市場とは選挙のようなモノである。提案する側が候補者であり、選択する側が選挙民である。一般的には店や会社によって提案される商品やサービスが候補者であり、消費者が購買活動を通じて投票を行っているようなモノである。通常の選挙との違いは、一人一票ではなく消費者が持つ「助けてもらう権利」、つまり保有する、あるいは自由に出来る貨幣の範囲で自由に行われる点である。

13.3.1.1 競争：偏り

市場経済は競争社会であるなどと言われることがある。本論では、経済は助け合いであるとの主張を行っているが、この競争という概念は、それに反する概念のようにさえ感じられる。経済は助け合いであ

---

[24] 市場による方向性が決まるメカニズムは、歩く植物の移動の仕方に似ている。ウォーキング・パームと呼ばれるこの植物は、植物にも関わらず移動を行う。その際、字義通り歩くわけではない。この植物は多くの根が地上に浮き出る形でその体を支えている。そして太陽が当たる方に新たな根が生えてきて、当たらない方の根は腐っていく事で、支えられる重心が太陽の方に移動し、徐々に移動を行っている。市場において方向性が決まるメカニズムも、これに似ている。つまり、人々に支持される商品が売れ、そうでない商品が売れなくなる事で、売れる商品を作る会社は利益をあげ、逆に売れない商品を作る会社は倒産する。そうなる事で、利益をあげる会社は更なる加助を行う一方で、倒産した会社が行っていた加助は行われなくなる。このようにして、求められる加助の方向性を市場は見出しているのである。

ると最初に聞いた時に、違和感を持つ多くの人が、違和感を持つ理由も、ここにあるように思われる。そこで、ここでは市場経済における競争の意味を明らかにする。

　簡単に言うなら、この競争とは助け合いの偏りを解消する過程で生まれる。助け合いに偏りが生まれた場合、それを解消するための判断が必要になるが、それを行うのが強制の助け合いではリーダーである。このリーダーの判断が的確であれば効率よく配分され、偏りは解消される。一方、取引の助け合いでは、この判断は、加助に過度な偏りが生じている場合は被助側が、逆に被助に過度な偏りが生じている場合は加助側が判断する事になる。つまり、誰を助けるか、あるいは誰に助けてもらうかを相手が判断するという事である。

　もう少し具体的に書くなら、例えば、服を売りたいという者が多い場合、つまり加助側が多い場合、その多くの服の選択肢から消費者が購買するような場合である。逆に、オークションなど売る側が少数で、買手が多くいる場合、つまり被助を求める側が多く、加助を行う側が少ない場合、加助を行う側が買手を選ぶ事が出来る。このような場合に、自分を選んでもらおうと行われるのが競争である。現在の通常の市場では売手の方が多く存在するため、選んでもらえるように、被助側にとってより良い加助を提供する競争が行われる。このように、取引の助け合いで生じる偏りは、相手にとってより良いと判断されるものを提示する競争を通じて、相手に選ばれる事で解消される。つまり、取引の助け合いにおいて生まれる競争は、助け合いの偏りを解消する過程という事である。また、これはより良いものを提示する競争であるから、この競争を通じて相手にとってより良いと判断される助けが行われていく事になる。

　また、競争が偏りを解消する過程だと分かると、単に他の者が上手くいっているからという理由で、同様の商売を始めようとすることは、二つの場合を除き、いたずらに偏りを生み出すだけであることも分かる。その一つは、加助の手が全く足りていない場合である。この場合は、同様の助けがまだまだ求められており、同様の商売を始めることは、偏りの解消につながる。もう一つは、それまでの加助のやり方以

上に良いやり方が出来る場合である。仮に、従来よりも良いと思うやり方で加助を行い、それが被助側に支持される、つまり従来のやり方以上に消費者に受け入れられた場合、世の中に、よりよい助けが提供されるようになったことを意味する。以上の二つの場合を除いては、同様の商売を始め、競争することは、いたずらに偏りを助長する行為である。そうであれば、それとは違う加助を行う方が有意義である。

13.3.2 役割

13.3.2.1 加助
13.3.2.1.1 経営者：方向性を生み出す
　会社を経営するということは、最終的に会社が提供する商品なりサービスを顧客に買ってもらうことである。この商品やサービスを買ってもらうということは、会社が顧客に助けを提供したという事である。また先述したとおり、商品を出すという行為は選挙で言えば立候補をするようなものである。つまり、ある商品なりサービスを店頭に並べる、あるいは謳うことで消費者に選択肢を提案する。これが選挙のように当選、あるいは落選するかは購買活動によって決められる。買われれば当選であり、買われなければ落選である。

13.3.2.1.2 労働者：労働市場
　労働市場において職を求める労働者は、会社を助ける側の存在である。その見返りとして給与などを得ている。第一部でも書いたように、この場合の助けられる被助側、つまり顧客は経営者や会社である。

13.3.2.2 被助
13.3.2.2.1 消費者：方向性を決める
　現在の多くのケースで、生産者側から先に助けが提案され（値段が付けられ店頭に並び）消費者が受け入れるか（どれを買うか）を決定している状況では、最終決定者は消費者である。つまり、消費者が何を購入するかで、市場の方向性が決まっているわけである。一方、これが被助側から助けが要請され、それを行うかを加助側が決めるのであれば、決定権は加助側になるということである。

とは言え現在の市場では、先述したように、多くの場合、消費者に決定権がある。という事は、社会におけるこの市場経済の割合が大きくなるにつれ、消費者の判断如何で社会の方向性が決定する。つまり、良くも悪くもなり得るという事である。

13.3.2.2.1.1 皆教育の重要性

このような市場経済の果たす割合が大きな現代においては、個々の消費者の判断能力が重要となっているということである。そのため、選ばれたエリートのみではなく、一般の個々人にまで広く皆教育がなされることが重要となる。

この教育とは加助・被助の双方の能力に関しての教育である。つまり、加助においては加助の能力、仕事をするための能力を教えるべきであり、被助においては、貨幣の使い方が社会の方向性を決めている事を教えるべきである。

13.3.2.2.2 経営者：労働市場や仕入

労働市場においては、経営者は助けてもらう側である。助けてもらう見返りとして給与などを与える。また、仕入などを行う事で他社の助けも得ている。

13.3.2.3 経営者：助け合いの結節点

「物事を描写するために用いられる言葉の中には、まことに誤解を招きやすいものがよくあります。 たとえば、現代の産業界やビッグ・ビジネスの指導者のことを指して『チョコレート王』とか『紡績王』とか『自動車王』などと呼んでいます。こんな言葉を使うところからみますと、現代の産業界の指導者と、封建時代の国王や、公爵や昔の領主との間には、ほとんど違いがないと思っているような印象を受けます。しかし実際にはとても大きな違いがあるのです。というのも、チョコレート王は少しも支配せず、むしろ奉仕するからです。彼は征服した領土を統治するわけではありません。領土は市場や顧客と無関係なのです。チョコレート王——鋼鉄王や自動車王や現代の他の産業の王——はいずれも彼が経営してい

る産業に依存し、彼が奉仕している顧客に依存しています。この『王様』はその家来である顧客の寵愛をいつも受けていなければなりません。競争相手よりもすぐれたサービスを顧客に安く提供できなくなるとたちまち『王国』を失うのです」
（ミーゼス）

　以上見てきて気づくことは、経営者が加助側でもあり被助側でもあるという点である。これは、経営者が労働者と消費者をつなぐ結節点の役割を果たしているからである。
　多くの人は自分で会社を興すのではなく、職を探そうとする。それはなぜか、「何が儲かるか分からない」「失敗するかもしれない」「始める資金がない」など様々な理由があるだろう。逆を言えば、自ら会社を興す人達は、それらの理由があるにも関わらず会社を興しているわけである。
　この事から、会社を興す人々が、本来なら自分を助けるために使えた権利を、他の人を助けるために使っているということが出来る。どういう事かと言えば、会社を興すにあたっては「始める資金がない」という人々がいるように、通常、資金が必要である。本論の考えに従って考えるなら、会社を興すには助けが必要だということである。資金があるとは「助けてもらう権利」を持っているということである。この資金は会社を興すために使われなければ、ただ単に「助けてもらう権利」であるから、遊びであろうが通常の生活のためであろうが、自分のために使うこともちろん出来る。しかし、会社を興す人々はそうせずに、会社を興すためにその権利を使うのである。そして会社とは、商品やサービスといった助けを世の中に提供する存在である。その際に従業員を雇えば、その従業員の助けを、世の中に提供する商品やサービスのために生かしている。そうすることで、人々に助ける機会、つまり職を提供しているのである。
　また、そうやって興した会社が失敗した場合、そのために使った資金など、言わば、そうでなければ自分のために使えたであろう助けてもらう権利を失うこととなる。赤字になるのは、経営者が仕入業者や

従業員などに助けてもらった以上の助けを消費者に向けて行えなかったということである。結果としては、誰かのためではなく、自己満足のために資金などを使った事となる。

こういったことが起こるのも、事業を始めるという行為が、一般に新規予測に基づいて行われているからである。新規予測の項でも書いたように、この予測の正否は結果でのみ判別出来る。更に言えば、それが間違っていた場合、経営者が一身にその責を負うことで、社会としてはダメージを受けずに済むのである。

こうして経営者は自分のために使えた権利を使い、世の中に助けを生みだし、人々に助け合いに参加する機会を提供している。また、その予測が外れていれば一身にその責を負うのである。

13.3.3 まとめ

この方法のメリットとしては、それぞれの消費者、経営者、労働者がそれぞれの価値観に応じて個々別々に助け合いを行うため、それぞれの助け合いごとに多様な価値観に基づいた助け合いが可能となる点が挙げられる。他にも、グループの枠を超えて助け合いが出来る。また、助けたものが、それに応じて助けられる権利を得るという意味において、公平であるとも言える。

逆にデメリットとしては、根本的に、助け合い自体が行われない可能性がある。また、各人がそれぞれの考えに従って判断を行うため、グループで統一的に行うよりも非効率である。

他にもメリットとして挙げた「助けた者が助けられる」ということは、言い換えると、「助けない者は助けられない」ということでもある。このことは能力のある者がより大きな助けを可能にし、その者がより助けられるという事である。つまり、能力の差に応じて助けられる度合いも変化するということであり、この観点から考えるなら不公平とも言える。加えて、この能力とは本人に付随する能力だけではなく、資産や環境に内包されている能力の差も含まれる。また、この事に関して最も大きな問題点は、人が生まれた時点では加助の能力を持たず、多くの被助を必要としている点である。これを克服するために

現在一般に用いられているシステムが、家族による扶養および相続制度である。しかし、これらの制度は先の資産や環境による能力の差を助長することにもなる。

また、市場経済で競争が生まれるのは、助け合いに偏りが生じているからである。偏りがあるというのは加助の量が求められる被助の量より多い、あるいは少ないという事である。多ければ被助側が選択をし、少なければ加助側が選択をする事になる。この際に選択されようと、より良いものを提示する過程が競争と言われている。そのため、この競争により、より求められる助け合いが実現していく。

13.4 その他の助け合い

ここまで大きく三つの助け合いの仕方に言及してきたが、それらの助け合いの仕方が全ての助け合いの仕方であると言っているのではない。他の助け合いの仕方が存在するとするならば、他にも存在しうる。例えば、どのように助け合うかについて、じゃんけんなどのゲームを使って決める方法などが考えられる。

13.4.1 ゲームの経済

じゃんけんなどのゲームをもとにしても助け合いは行える。また、この助け合いは全体での助け合い、個別の助け合い双方で可能である。全体での助け合いでは、占いによる政治などはその例と考えられる。個別の助け合いにおける代表例はギャンブルであろう。

これは同等の能力を持つもの同士では問題はなく、ある種、公平でスピーディな方法である。例えば料理を作るという時に、料理の腕にあまり差のない者同士がじゃんけんなどで料理を作る者を決めてもあまり問題は無い。先に述べたように、話し合いの時間も短縮できるし、また公平な方法でもある。しかしながら能力に差がある場合には、ゲームが偶然によるものだと効率が悪い。つまり、料理の腕に著しい差がある者同士で、偶然によるじゃんけんなどで下手な者に料理を作らせることになると、食材を無駄にしたり、余計に時間がかかったり、まずかったりと皆が損をするような状況が生まれるという事になり、

助け合いの良さが生まれないということである。これにはギャンブルなどが考えられる。

　逆に助け合いに必要とされる能力が、そのゲームの結果に反映するようなら効率の良い方法にもなる。例えば、防衛や侵略の役割を担う戦士を決めるのに、模擬的な決闘の勝者にまかせるような場合が考えられる。これに該当するものとしては、試験による官吏登用制度などが考えられる。

13.5 補完関係
　以上見てきたような助け合いの仕方は、単独で存在してきたわけではない。むしろ、それぞれに利点や欠点があり、それらを組み合わせることで互いに補完しながら行われてきた。世に言う社会システムとは、強制による助け合いである政治や取引の助け合いである市場経済などの組み合わせ方ということが出来る。そのため、どれか一つだけ抽出して研究しようとしても無理が出てくる。それぞれの性格の違いに着目し、ある程度クローズアップして専門的に扱う場合でも、お互いの補完関係を明確に意識して、その中で行うべきである。

13.5.1 闇市
　日本では戦後の闇市が有名である。他にも、崩壊寸前のソビエト連邦でも闇市は存在していたと言われる。これら闇市の存在は、グループでの助け合いが機能しない中で、自生的に取引の助け合いが生まれ、その機能を補完していたことを示している例と捉えることが出来る。

13.5.2 類型
　ここでは実際に存在する補完関係を、国際的な枠組みと国内的な枠組みに分けて、簡単に分類してみる。

13.5.2.1 国際
　この補完関係は国ごとによっても異なっているが、その類型について、ここでは簡単に触れるものとする。

13.5.2.1.1 アメリカ型
取引の助け合いである市場経済が占める範囲の大きな経済。強制による助け合いには消極的である。
13.5.2.1.2 北欧型
統一的な価値観を共有出来る分野で、積極的に強制による助け合いも取り入れている経済。
13.5.2.1.3 中国型
強制による助け合いをベースに取引の助け合いも徐々に許可している経済。

13.5.2.2 国内
国内においても都会と田舎では、その社会のあり方に違った傾向が存在している。
13.5.2.2.1 田舎型
市場経済によらない地域コミュニティーによる助け合いが色濃く残る。田舎に行くほど貨幣を使える場所は減り、代わりに目に見える意識的な助け合いが多くなる。
13.5.2.2.2 都会型
商品やサービスがあふれ、貨幣と引き替えに多くの助けを得ることの出来る社会。代わりに人々の関係は希薄化し、目に見える助け合いはあまり行われない。

14 助け合いの範囲
ここまでにも何度か言及してきたように、助け合いの範囲には無意識的な範囲と意識的な範囲が存在する。これらの認識の範囲が原因で起こるいくつかの問題に、ここでは触れるモノとする。基本的な構図は意識的な助け合いの範囲を内部と捉えることで、逆にそこに属しない範囲を外部とする。その外部を考慮の範囲から除外することで問題が起きている。言わば、内と外の考えが問題を引き起こしている。逆に言えば、ここに示される問題は範囲の捉え方で解決すると思われる問題である。

14.1 略奪・奴隷・差別
　自分たちの仲間ではないと捉えることで、対象を外部化し、略奪や差別によって対象が被害を受けても考慮に入れず、むしろ仲間内はその事によって、大なり小なり、心理的優越性なども含め、利益を得るため行われる。

14.2 愛国心
　グループ全体による助け合いにおいては、グループの単位である国を愛する気持ちを持たせることで貢献意欲を高める。しかし他国を外部化し別の社会と捉えることで、他国が被害にあっても考慮に入れない、あるいは軽く扱う様になると、戦争を支持する危険な愛国心へとつながる。

14.3 グローバル化
　取引の助け合いで、我々が無意識的に助け合いを行っていることを本論では明らかにしてきた。グローバル化と言われる流れは、本論の考えで言うなら、世界規模で取引が行われることで、無意識の助け合いが世界規模で広がっていく過程である。このことが、危険な愛国心の様な、国などのより意識出来る助け合いの範囲を基本に考える人々によっては、その国の範囲を侵害すると受け取られる事で問題と見られている。

14.4 エコロジー
　本論では自然の助けにも何度か言及してきたが、その自然を内部に捉え守るべき対象とする考えと言える。敵対する考えは、言わば自然を外部と捉え、略奪を肯定する考えである。

15 貨幣：助け合いの媒介物
　基本的な経済の仕組みとしては前章までに説明をしてきた。しかしながら、多くの人は経済と聞いた時に、貨幣を連想してきたと思われる。そのため、既に何度か取り上げてはいるが、今一度、貨幣につい

て見ていくものとする。本章では特に、その意味や位置付け、それにまつわる誤りなどについて説明を試みることとする。

　貨幣とは、誰にも認められるほど交換力の高い物を指す言葉である。現在の紙幣やコインなども交換されないとなれば貨幣ではないということである。つまり、誰もが交換出来るという価値を認識している価値物を貨幣と呼ぶということである。しかしながら、我々は生まれながらに貨幣の存在する世に生きている。そのため、紙幣やコインと言ったものが、貨幣であるから何とでも交換できる、と因果を取り違えて理解しがちである。しかし、あくまで因果の向きは、交換出来る物が貨幣であって、貨幣であるから交換出来るわけではない。その証拠に、貨幣となる物は歴史上で言えば塩や貝殻（アタリ）、特定の時代地域では味の素（安田）など、その環境に応じて変化してきている。逆に、かつて貨幣であった第一次大戦後のドイツ紙幣や最近でもスーパーインフレに陥ったジンバブエの紙幣は、貨幣としての交換力を認められなくなり、紙くず同然となった。

15.1 貨幣の持つ意味

　貨幣とは誰にも認められるほど交換力の高い物であるが、その意味という点で解釈するなら、先述の通り、「助けた証」であり「助けてもらう権利」と言える。

　企業では貨幣価値による業績が重要視されたり、給与は一般に貨幣で支払われたりするが、これも貨幣が「助けてもらう権利」であるために、多様な価値観を持つ様々な従業員に受け入れられる存在であるからである。仮に価値観を同じくする従業員で成り立っていれば、貨幣以外のモノを企業として追求する、あるいは従業員が受け取るモノも貨幣による給与以外でも可能となるだろう。趣味の延長で行われる、カフェやペンションの経営などにはこの側面が多く見られる。

　貨幣が助けてもらう権利である事を違う面から考えるなら、「助けてくれる友人・知人の多い人や自分で何でもやる人は貨幣を使わずとも生活していく事が出来る。一方、貨幣を多く使う人は多くの助けを得ている人である」とも言える。

この貨幣が、マルクス（1975）が求めた「能力に応じて働き、必要に応じて受け取る」事を、実は、可能にしている。つまり貨幣を媒介物として使うことで、その瞬間に被助を得られなくても、能力に応じて働く事で加助を行い、「助けた証」である貨幣を受け取り、被助が必要なときに、「助けてもらう権利」でもあるその貨幣を使い、助けを受け取ることが出来る様になった[25]。

15.1.1 権利のみの移動：方向性に影響

　貨幣とは交換力の高い物であるとの定義から、貨幣は本来的に市場から生まれるものである。しかしながら、現在において貨幣は市場でのみ使われているわけではない。例えば、税金、また相続、贈与、盗み、ギャンブルこれらも貨幣が関わる領域である。経済の仕組みを考える上で、これらの領域と取引の助け合いである市場を明確に区別して考える必要がある。つまり同じ論理で成り立ってはいない。

　これらの領域で起こっていることは、貨幣の持つ二つの意味、すなわち「助けた証」と「助けてもらう権利」のうち、「助けてもらう権利」のみを移動させているという事である。

　逆に言えば、この権利のみの移動が行われなければ、貨幣を多く保持しているとは、「助けた証」を多く持っているということである。つまり、金持ちはそれだけ多くの人々を助けたということが出来る。しかし、現実の世界では権利のみの移動も行われているため、一概に金持ちが多くの人々を助けたとは言えなくなっている。また、多くの金持ちに対する非難も、本来なら、この権利の移動のみで金持ちになった人に向けられるべきものの様に思える。

---

[25] とは言え、この貨幣の存在だけでは、マルクスが考えたであろう理想を全て満たしてはいない。なぜなら、貨幣を持たぬ時点、つまりそれ以前に十分に働いていない段階では、必要があっても受け取れないからである。言い換えると必要があるからといって、助けてもらう権利があるわけではないという事である。本質的に、人は生まれながらに助けを必要とするが、それ以前に誰かを助けることは基本的に不可能である。そのため、マルクスの言を実現させるには、そこをクリアーする仕組みが別に必要となる。遺産制度や融資制度などはその一つと言える。

問題点のひとつとしては、権利の移動により方向性に影響がおよぶ点があるように思われる。言い換えると「助けた者がそれに応じて助けてもらう権利を得る」というイデオロギーに反するやり方である。しかし現実には使用に関して、つまり方向性を決める行為において、権利のみの移動の場合もそうでない場合も区別はない。そのために可能となっているものが先に挙げた、税金や相続、贈与、盗み、ギャンブルなどである。また、そうやって手に入れた貨幣であっても「助けてもらう権利」として使用することが出来る。そのため、「何をして助けてもらうか」という被助の方向性に影響を及ぼしている。

大事なことは、現在の経済学が行っているように貨幣が使われている領域を全て同じ領域と捉える事は止めて、その助け合いの仕方に応じて捉える事である。

15.2 価格

価格の構成要素として費用と利益という考え方があるが、これを助け合いの観点から説明するならば、次のように説明出来る。経営者は様々な助けを借り、つまり従業員や原材料・機械を納入してくれる業者の力を借りて、最終消費者を助けている。その際、従業員や業者に支払われる分が費用であり、消費者に販売した価格からその費用を引いた分が利益である。そのため、費用は助けてもらった分、利益は助けた分と考える事が出来る。

また、厳密には商品に付いている値段は、ここで言う価格ではない。価格は、消費者の合意を得る、つまり購買されて初めて価格となる。言わば、値段は立候補の段階であり、当選して初めて価格となる。

15.2.1 *価格にまつわる経済学の誤り*

15.2.1.1 価格決定メカニズム：一般均衡理論の誤り

経済学が基礎理論の一つとみなしている理論に、一般均衡理論と呼ばれるものが存在する。この理論は価格決定メカニズムを明らかにするものだと見なされている。しかしながら、この理論が表すものは、一般的な価格決定メカニズムなどではなく、長い間繰り返される同一

製品の取引において、価格が熟れてくることを表しているに過ぎない[26]。

では、現実の価格決定メカニズムはどうなっているかというと、価格は取引を行う双方が受け入れきれる領域の中でなら、つまり（売る側：商品価値＜価格、買う側：商品価値＞価格）が成り立つなら、いくらででも決定されうる。実際、消費者がいくらなら買うかと言った情報の無い、新商品などの価格を決める現場における値付けの最終決定は、責任者における気合いである。その後、同様の商品が長く取引されるようになると、それまでの取引の情報や同業他社の動向などから、段々と（売る側：商品価値＜価格、買う側：商品価値＞価格）の中で一定の額に収斂していく。均衡理論はこの事を表しているに過ぎない。

つまり、現在のように消費者動向が絶えず変化し、新製品が生み出されていく環境下に適応した理論ではない。実を言えば、経済学ではこの事をきちんと断った上で、その後の多くの理論が提唱されている。詳しくは第五部で述べるが、問題はこのような条件下でしか有効でない理論しか扱っていないにも関わらず、これが経済全体のメカニズムとして成り立つかのように振る舞っている、もしくはそうしていると勘違いされている点である。

15.2.1.2 貨幣価値：数値化と数式化

先述したように、経済は本当の意味で数値化は出来ない。例えば、服が何着出来たかを数値化することは可能だが、その服がどれだけの助けとなったかを数値化するのは難しい。これは被助が助けられる側の主観によるからである。そして、この主観とは、それぞれの価値観によって作られている。そのため、同じ服から得られる被助でも、その基準は人それぞれであり、比較することが出来ない。

しかしながら、経済学では、これらを比較可能な客観的価値が存在するとの前提で様々な（失敗した）考えを提示してきた。一つには、

---

[26] この価格が熟れてくるメカニズムとしての均衡メカニズムについての詳細はメンガー（1982-1984）を参照していただきたい。

交換価値と使用価値の提示。また労働価値や貨幣により、その価値を一様に表せるとの考えもその一つである。つまり経済学では、価値をなんとか単一の尺度で表そうと努力してきた。これは適正価格との考えとともに、アリストテレスの時代からある誤謬の一つである（メンガー、2　305-306頁）。

　同じ物でも、評価する人によって価値は違う。無論、経済学においても各人の評価する価値に違いがあることは認めている。しかし、商品が同様の市場のある時点においては一定の貨幣価値で表される物と考える事で、商品の価値が貨幣価値で表されると考えており、この数値で表される貨幣価値を客観的な価値であると考えている点に誤りがある。経済学者が言うのは、ほとんど全ての物には値段が付いており、この貨幣価値で表すことが可能だ、ということである。しかしながら、この貨幣価値それ自体の価値評価が各人によって違うのである。つまり、価値の程度が違うのではなく、赤色と甘さを比較するような、単位自体の違いである。そのため他人の価値と自分の価値を比較考慮することは本来出来ない。また、この価値観は、本人の中ですら、環境や状況などによって変化している。単純に考えるなら、金持ちの1万円と貧乏人の1万円の価値は同じだろうか？もう少し正確に考えるなら、1万円で交換したいと思う物のリストを比較してみると良い。そのリストは各人によって様々であろう。

　また、取引において実現する価格をその物の価値のように捉える考えがあるが、これも誤りである。取引が成立するのは、双方において、取引される物の価値が、それぞれ上回っているから取引は成立するのである。それは貨幣と商品でも同様である。つまり、売る側にとっては商品の価値は価格より低く、買う側では高いというだけである。何を言いたいかというと、商品価値＝価格ではなく、売る側：商品価値＜価格、買う側：商品価値＞価格となっているということである。これは、一つの商品には一つの客観的価値が存在するという主流派経済学が掲げる前提条件の一つである、一物一価の考えでは矛盾してしまう。これが成り立つためには、それぞれの価値が違うことを受け入れ

るしかない。すなわち、この価値観の違いから双方に利益となる関係が生まれる。むしろ、この事が取引を成立させる根本的原因である。

とは言え、説明のために数式を用いることは可能である。ここで行うのは各要素間の関係性を把握することである。そのために数式で表現することは有用である（例えば、タンパク質×運動=筋肉の様に表現できる）。また、その傾向を簡易的に把握するのに、数値化することも時に有用である。そのため、本論でも関係性の説明のために数式を利用したり、簡易的な説明を行うために数値を用いたりすることがある。とは言え、現在の数理経済学が行っているような数理を駆使することで、現実の経済を表せるとの考えには与しない。

16 現在の経済の仕組み

現在の経済においても、第13章で述べてきたような助け合いの仕方は全て存在している。大きく言えば、私的な人間関係は自発的な助け合いをベースにしており、税金などの政治的分野は強制の助け合いを、市場経済は取引の助け合い、をベースにしている。また会社は市場経済の主要な要素の一つであるが、内部的な助け合いのシステムは強制の経済と言える。

16.1 現在の国・自治体

国や自治体も基本的には前述の強制による助け合いに属するが、現在ではその全てを支配、つまり助け合いの全てを国が判断する形では成り立っていない。ここでは、現在の国や自治体がどのように助け合いを行っているかを概観する。

現在の助け合いでは市場に関わらず、政治の分野でも貨幣が助け合いの媒介物として機能している。つまり税金や債券をもとにした予算の下で、貨幣を媒介に、民間企業への発注の形で公共事業なども行われている。このように現在では、その場限りの助け合いを利用することで、グループにおける助け合いも実現している。

政治の分野に我々は判断を移譲しているのであり、この部分が大きくなることは移譲された人々、つまり政治家の価値観に支配されるこ

とを意味する。また別の側面から言えば、判断の移譲とは判断の一元化のことであり、多くの人々が賛同できる方向性について助け合う上では効率的で良い方法である。

現在、世界中の多くの国が民主主義を採用しており、日本もその中の一つの国である。民主主義はこの判断をするリーダー、日本で言えば各首長や議員達を選挙によって選ぶシステムである。また、法や官僚制を導入することで統治を行っているシステムでもある。

16.1.1 加助

加助の方向性に関しての判断は、大きなトレンドとして各人に戻ってきている。歴史的な変遷として、直接的な賦役から、現物で支払う租庸調へ、そして貨幣による納税へと国への加助のあり方は変化してきた。これにより、納める側に徐々に加助の判断が返ってくることになった。

16.1.1.1 直接的加助

国が何をして各人が助け合うかを決めて行わせるのが、この直接的加助である。徴兵制の存在する国における兵役などは、未だにこの直接的加助である。かつての賦役などもこれに当たる。

16.1.1.2 現物

現在の日本では基本的に現物を求められることはない。歴史上で見ると、租庸調がこれに当たる。租庸調は今で言う税金であり、言わば、現物で納める税金ということが出来る。過去の助けである価値物を納めるだけで良くなった事で、自分で作るだけでなく、他の者から譲ってもらって納めることも可能となった。つまり、何をして助けるかという加助の方向性を徐々に自分で決められるようになっていったのである。

16.1.1.3 貨幣

現在の税金がまさにこれである。助けてもらう権利を譲る形となる。この形態では、基本的に何を行うかの判断は納める側に完全に戻ってきている。つまり、何かしらで貢献していればいいとする制度である。

16.1.2 被助

被助の判断を行うことが、国などの方向性を決めることである。現在の国における被助の方向とは政治の方向であり、治安や教育、福祉、公共事業と言った、国から我々が受けるサービスのことである。これらの活動は、基本的には税金の形で集めた「助けてもらう権利」を行使することで可能となっている。税金という形で「助けてもらう権利」が移譲されることで、その使い方の判断が国へ移行するわけである。

16.2 企業

すでにいくらか触れてきたとおり、企業は企業単位で考えると取引の助け合いを行っているが、企業内部では強制による助け合いが行われているのが一般的な形である。つまり、企業内部では社長をリーダーとする強制による助け合いで製品を作り出している。外部においては、それぞれの消費者や他の企業との取引を通じて助け合いを行っているため、取引の助け合いを行っている。

16.2.1 内部

一般的に社長、あるいは経営陣（あるいは株主総会）を最終決定者とし順次判断を移譲する形で会社組織は出来ている。最終決定者の判断に従う形で役割が分配され、協力して最終商品を生み出しているのが企業内部の仕組みである。

16.2.2 外部

商品やサービスを消費者や取引先に販売することで加助を行い、取引先から商品やサービスを購入することで被助を受けている。

17 まとめ

　助け合いの意義は、生産性の増加とそれによって可能となる多様性の拡大にある。また、労働時間ややる気を基礎とした労働量が生産の基本となるが、人類自身の労働力ではない電力などの外部労働などを活用することでも労働量を増やしてきた。加えて、将来への助けである投資をすることで、我々は生産性を高める事も出来る。このように労働量を増やし、生産性を高め、余剰労働力を他の助け合いに活用することで経済発展を生み出している。

　また、現在の経済学では生産性のみが考慮されているが、多様性を構成する「何で助け合うか」という方向性も考慮する必要がある。助け合いには、加助と被助二つの側面があり、その双方の方向性が一致することで助け合いは行われている。そのやり方の変化が助け合いの仕方の変化であり、その変化を通じて人類は発展してきた。

　そのやり方を大きく分類すると、自発的な助け合い、グループによる助け合いおよび取引の助け合いなどが考えられる。現在では、それらが単独で存在しているのではなく、互いに補完する形で存在しており、その組み合わせが社会を構成している。

　助け合いの範囲には、無意識的な範囲と意識的な範囲が存在するが、差別やエコと言った問題も、この助け合う範囲の捉え方が問題だと考えられる。

　貨幣とは、交換力の高い価値物に対する名称である。その本質的意味は「助けた証」であり「助けられる権利」である。この「助けられる権利」の部分が移動することで、税金や相続、贈与、盗み、ギャンブルなどの領域も貨幣と関わっている。しかしながら、これらの領域と市場における助け合いとは別の仕組みである。そのため、貨幣の使われる領域を同様に考察しようとしても無理が生まれる。大事なことは、貨幣にとらわれるのではなく、助け合いの仕方に着目することである。

　また、価格とは商品に付けられた値段ではなく、取引が成立し消費者に受け入れられた値段が価格である。その価格は、従来の経済理論で言われるように、需要と供給の関係で決まるのではなく、売りたい

と思う値段と買いたいと思う値段の間であれば、いくらでもなり立つモノである。世に言う一般均衡理論は、単に長い間繰り返される同一製品の取引において、価格が熟れてくることを表しているに過ぎない。また、価格などの貨幣価値は、経済学が前提とするような客観的価値尺度などではなく、人それぞれによって価値の違う物である。そのため、貨幣価値を基準として成り立つような数理を駆使しても、現実の経済を表すことは出来ない。

現在の日本における経済の仕組みは、大きく言えば、私的な人間関係は自発的な助け合いをベースにしており、政治的分野は強制による助け合いを、市場経済は取引の助け合いをベースにしている。また、会社は市場経済の主要な要素の一つであるが、内部的な助け合いのシステムは強制による助け合いと言える。

経済＝互助と捉えることで経済の仕組みを以上のように、簡単にではあるが、説明することが出来た。しかしながら、ここでは、優先順位として、簡潔にでも全体の青写真を描き出すことを優先したため、重要と思われる要素とその関係性を簡単に示すことしか出来ていない。そのため、その要素にしろ、関係性にしろ、より深い研究が行われる必要がある。

とは言え、以上で示した簡単な経済の仕組みを用いても、従来の経済学が解答を見出しているとは思えないいくつかの事例について、説明が可能なことを次の第四部では示すものとする。

第四部：新たなる解

　以上見てきたように、社会とは助け合いのつながりによって出来ている。この第四部ではその事に気付くことで、どのようなことが分かってくるかを明らかにするため、経済学が答えを出せていない、あるいは誤っていると思われる問題を中心に、その意味を明らかにする。

18 価値のパラドックス：二つの側面

　第三部で述べたように、二つの側面が一致して初めて助け合いが行われるわけであるが、その事に気付けず、その価値を単一の価値として集約できるとの思い込みが経済学に長いこと論議を呼んだ。それだけに留まらず、現在では解決されたと思われている答えすら未だに誤っている。

18.1 要約

　「役に立つ物ほど価値は高いはずなのに、そうとは限らないのはなぜか」価値のパラドックスと呼ばれるこの疑問は、長い間経済学において議論されていた疑問であった。現在では希少性の原理に基づき、限界効用理論を使うことで説明が出来ると考えられている。しかしながら、この説明は、この疑問に本質的に答えたものではない。本章では、前章までの経済の仕組みをもとに、この疑問への本質的な説明を試みる。その違いは二つの側面の認識にある。

　結論を言えば、みんながやって欲しい事（被助の側面）でも、誰でも「出来る」もしくは「やりたい」と思う事（加助の側面）は評価が低く、みんなが「出来ない」もしくは「やりたがらない」事（加助の側面）はより評価が高くなる。つまり、価値のパラドックスとは、被助の側面だけで考えていたためパラドックスに見えていただけである。
キーワード：価値のパラドックス、二つの側面、希少性、限界効用理論

18.2 問題

価値のパラドックス：役に立つ物ほど価値は高いはずなのに、そうとは限らないのはなぜか。

18.3 背景

価値のパラドックスと呼ばれるこの疑問は、アダム・スミス以来、長い間、経済学において議論されていた疑問であった（上宮）。これに終止符を打ったと見なされているのが限界革命[27]として経済学界では有名な一連の流れであった（上宮）。これはカール=メンガー、ジェボンズ、ワルラスらによって、たまたま同時期に別の著作によって発表された限界効用理論を軸とした理論である。

18.4 批判

この理論は現実には存在しない前提条件を付けなければ機能しない。それによって、それまでにも使ってきた数理を駆使した経済理論を何とか使えるように見せかけてきたに過ぎない。

18.5 説明

実際は、前提条件など付けなくとも、二つの側面があることを認識出来れば簡単に理解することが出来る。

つまり、水や空気は被助側にとっては必要なもので価値が高いが、加助側からすると基本的に簡単に手に入るもので価値は高くない。むしろ空気などは助けも必要としない。水も自分で手に入れる事の出来る人、すなわち助けの必要の無い人にとっては、高い対価を払ってまで手に入れる必要の無いものである。そのため高い値段では取引が成立せず、価格としての価値は低くなる。逆に砂漠などで高額な値段が

---

[27] 「消費者が限界効用と価格を関連づけて消費量を決定する消費行動があるのである。このような関係から、財によって希少性が異なる場合には、消費者にとって必要度が高い（使用価値が高い）ものでも、手に入る数量が多い（希少性が低い）ものは、その限界効用は低くなり、それに対して消費者は低い価格しか支払おうとしなくなることもわかる。このように限界効用という概念に関係づけて消費者行動や商品の価値を解明しようとする理論が、限界効用理論である」（志田）。

吹っ掛けられるようなエピソードが生まれるのも、その瞬間に水を手に入れる手段が他になく、加助側のオファーを受けるか水を飲まないかしか選択肢がないため、水が欲しければ加助側のオファー、言わば加助側の言い値次第で価格が変化するからである。運良く親切な人であればただでくれるだろうし、運悪くがめつい人であれば高額な値段を吹っ掛けられるかもしれない。貨幣以外の対価を要求される事もあるであろう。足下を見られる場合も同様のメカニズムが働いている。
　つまり、ここで述べている事は、第15章で示した価格決定メカニズムの事である。第15章で書いた通り、価格は双方の合意によって決まる。言い換えると、加助側・被助側一方だけの価値や判断で決まるのではない。ましてや客観的な価値などは存在しない。
　経済学が言うように単に数が少なければ価値が高くなるわけでは無い。例えば、世の中に存在するダイアモンドの数より希少なものなど、いくらでも存在するだろう。例えば、誰かが描いた絵などは世の中に一つだけのものである。しかしながら、世の中に存在する多くの唯一無二の絵に、ダイアモンドほどの価値が付けられることは稀である。第一の理由として、それらの多くの絵は一般にそこまで欲しいと思われないからである。あくまで欲しいと思う人に対して、その願いをかなえる事が出来る人が少ないことが加助側の言い値が可能になる条件である。また、その場合でもあくまで欲しいと思う人が払いたいと思える値段までである。この場合のメカニズムに関してはメンガー（1982-1984）に詳しい[28]。簡単に説明すると例えばダイアモンドが2個ある場合、買い手がそのダイアモンドに支払えると思う額は様々である。つまり価値は一定ではない。この場合、売り手は上位二人の考える支払える額より低い額を提示すると2個は売れることになる。これが10あると10番目までの額より低い額が限度になるため、売り切るために提示できる額の最高値が下がることになる。このように買いたいと思う数に対して売りたいと思う数が少なければ少ないほど売り

---

[28] メンガーは限界革命を起こした一人と目されているが、その理論はその後に同一視された数式で表現された一般均衡理論とは似て非なるものである。そもそも、メンガー（1982-1984）は経済が数式で表されうるものとは考えていない。

手は高い値を付けても売ることが出来る、つまり、双方が合意できる価格をつけることが出来る。逆であれば、低くなる。しかし、その額も誰かしらが買いたいと思う最高値以上では合意が生まれず価格はつかない。

つまり価値のパラドックスと呼ばれる疑問も、被助側の価値だけを考えているからパラドックスに見えているだけで二つの側面を認識出来るとパラドックスでもなんでもない。

18.6 結論

必要な物でも、手に入りやすい物は評価が低く、手に入りにくい物は評価が高くなる。つまり、みんながやって欲しい事でも、誰でも「出来る」もしくは「やりたい」と思う事は評価が低く、みんなが「出来ない」もしくは「やりたがらない」事はより評価が高くなる。

価値のパラドックスとは被助の側面だけで考えていたため、パラドックスに見えていただけである。

別の言い方をするなら、「出来る」もしくは「やりたい」と思うものは、加助側は被助側を選べないため、低い評価をする人達、つまり低い対価での交換しか考えていない人達の下までも実現し、「出来ない」もしくは「やりたがらない」様な助けを得ようとする場合は、加助側がその助けをより高く評価する人達だけを相手に出来るため評価を高くすることが出来る。

現在の経済学ではこの事を希少性という言葉を使い説明している。つまり、求められるものでも水や空気のように、非常に多く存在するものは価値を持たず、ダイアモンドなどは希少であるから価値があるとしている。結果として経済学が数量的な側面でのみ語られるようになり、経済の範囲が矮小化されていく事となる。物の多い少ないと言った量の次元を中心に据えることで、方向性に関する議論が無視されているわけである。

19 計画経済と市場経済：価値観と判断力

19.1 要約

本章では、計画経済が破たんし市場経済が生き残った理由を、第三部の経済の仕組みを基に明らかにする。従来の経済学で言われている諸説では、市場経済の方が計画経済に対し、生産性において優っている事が、その理由とされるが、それは誤りである。このトピックに関して大きな論争を巻き起こした経済計算論争の経緯、および実際の統計データを基に、その誤りを指摘する。その上で、本論の考えを基に、価値観に違いの生まれる現在においては、多様な方向性を見出すことが出来なかった計画経済が破たんし、それが可能であった市場経済が生き残った事を示す。また、計画経済的な政策を採った他の事例でもこの説明が有効である事に言及することで、その説を補強する。

キーワード：計画経済、市場経済、方向性、価値観、経済計算論争

19.2 経済計算論争

「1940年代半ばまでには、アブラハム・バーグソンの「社会主義経済学」（1948年）が強く示唆したように、ミーゼスとハイエクの社会主義批判は誤りであり、彼らは論争で敗北したという理解が一般的なものとなった」（尾近・橋本、180頁）

ここでは経済学の誤りを指摘するため、現在広く認められている、計画経済に対する市場経済の優位性に関する通説が誤っていることを指摘する。

計画経済に対する市場経済の優位性というトピックは、経済学上、現代オーストリア学派の祖でもある、ミーゼスとハイエクによる経済計算論争を下に理解されている。そこで、この論争に対して経済学がどのように反応してきたかを通して、経済学の誤りを明らかにするものである。そのため、経済計算論争における、経済学による理解を中心に進めるものである。

経済計算論争とは、計画経済における合理的経済計算と最適資源配分が論理的に、さらに現実的に可能かどうかという問題を主題として展開されたというのが、通常の解釈である（西部、1993b）。そして、経済学においては、ランゲ（1970）の反論やNEPの成功等により、先の尾近・橋本（2003）も記す様に、ミーゼスやハイエクの社会主義批判は誤りであると解釈されていた。

　つまり、ミーゼスによって提起された計画経済における経済計算の不可能性という問題は、ランゲなどにより論駁された。そして、ハイエクにおいて不可能性ではなく困難性について反論がなされた。また、NEPの成功もあり、二人の考えは誤りであるとの解釈が当時はなされたのである。しかしながら、この解釈は経済学的には当然と言えば当然である。なぜなら、ランゲなどの計画経済も、均衡の概念をベースに組み立てられている（西部、1993a；ラヴォイ）。そのため、経済学では同じ均衡の概念に基づき、より不確実性の少ない計画経済に対して、市場経済の優位性を見出すことが出来なかったのである。

　その後、ラヴォイ（1999）により先の解釈とは別の代替的解釈がなされた。その後のソビエト連邦の崩壊もあり、経済学においては、先の方法論争の誤りを認める事となった。つまり、計算論争での経済学的解釈は、現実の崩壊によって、説明能力のなさを露呈した形となったのである（ハイルブローナー、90頁）。

　現在も一部では、市場経済に対する優位性に関して議論は継続している。しかしながら、経済学では十分に検討されぬまま、ここで取り上げる、クルーグマン（2000）やハイルブローナー（1996）の意見に代表される考え（「効率性の低下」や「官僚制機構のインセンティブの欠如」）と、均衡の概念に取り入れられたハイエクの意見[29]（「情

---

[29] ハイエク（1986）は均衡の概念に依拠せず、現実の情報の不完全性に依拠した暗黙知を含めた情報量の差異、および情報処理の不可能性の指摘を行った。しかしながら、ハイエク(1990)自身、必要な情報の収集に成功し、効率的な価格付けと資源配分を行える点に市場経済の優れた点を見出し、それのできない計画経済においては、生産性も落ちてくるという考えを示すにとどまった。このため、西部（1993b，243頁）も指摘

報収集能力の限界から来る生産性の低下」）が、現在の通説となっている様に思われる[30]。

　クルーグマン（2000）においては、効率性の向上が市場経済の優れた点としている。つまり、効率性の伸びない計画経済が生産性を落とし崩壊したと考えたのである。

　ハイルブローナー（1996、90-91頁）は、官僚制機構の持つ、不足に対して「何か手を打とうというインセンティブ」の欠如だと言っている。彼は「私利追求が社会的に有用な行動を導くような枠組みが欠如していた」と言っている。では、彼の言うインセンティブの働く市場システムの枠組みとはなんであろうか？その後に書かれる市場の枠組みにおいては、当然インセンティブは働くものとして書かれており、彼自身が提起したものには何も答えていない。私利追求がインセンティブなら、官僚機構でも働きに応じて評価されれば、私利追求によって、彼が想定するような行動程度の事は行われたのではないだろうか？実際、彼自身が書くように不足は「めったに起こっていなかった」のであれば、何が理由だろう？結局彼は、論理的根拠を提示せぬまま官僚機構のせいにして、情報不足による崩壊を否定しただけであった。理由の説明はできないとしても、官僚機構のモチベーションの低下があったとすれば、他の説と同じように、生産性において市場経済の優位性が見られるという事になろう。

　つまり、外部要因として明確に説明されていない官僚制組織のモチベーションの低下や、効率性、情報収集能力において劣る計画経済が、生産性の落ち込みにより崩壊したとするのが、経済学における通説となっている。

　では、本当にソビエトにおける生産性は悪かったのであろうか？

するように、不完全情報化における予想形成を顧慮に入れれば、一般均衡論は生き残るのである。

[30] 経済学の教科書においても、崩壊以前には必ずと言ってよいほど計画経済と市場経済への言及があったにもかかわらず、その後の教科書ではふれられているものを見つけ出せなかった。また、計算論争の頃の様な議論が行われている様も見えない。その中で、均衡の概念を根底に据える論者における考えとしては、三者の意見に要約できる意見しか、筆者は探し出すことが出来なかった。

生産性に関しては、データ（表1）も示し、バスー（1998）も指摘するように、スタートラインの差を勘案すると明確な生産性の差異というものは見受けられない。これはむしろ、計算論争の意見に対する当時の経済学の考えに一致する結果である。
　また、崩壊直前の90年前後において、生産の急激な落ち込みが見られる（表2）。これについて、それ以前の状況とその当時の特殊な状況をかんがみる。すると、バスー（1996）の指摘するように、本質的な生産性の低下というよりも、軍備拡張を原因とする特殊事情によるものと解した方が妥当である。また、それ以前から拡大していた闇市場の存在（伊藤誠、242頁）も指摘できる。
　生産性の向上は、確かに、経済発展に必要な要素である。しかしながら、ここで示されたのは、経済学の通説が主張するような生産性の低下が、計画経済の破たん理由ではないということである。
　次項では、特に第三部で明らかにしてきた経済の仕組みを基にその理由を明らかにする。

19.3 計画経済が破たんした理由

　本論の考えでは、計画経済は強制による助け合い、市場経済は取引による助け合いに分類される。この助け合いの仕方の違いが、計画経済が崩壊し市場経済が生き残った理由であることを明らかにする。
　この場合、注目すべき違いは方向性の決め方にある。強制による助け合いではリーダーの様な意思決定者によって、助け合いの方向性は決められる。一方、取引の助け合いでは市場におけるそれぞれの取引によって方向性は決められる。
　ハイルブローナー（1996）が、計画経済における失敗例として世界一重いエンジンが作られた事例を挙げている。これは、エンジン生産量を把握するためエンジンの重量でその評価をした結果、エンジン性能を向上させるのではなく、ただ重量を重くする様なエンジン開発が行われ、世界一重いエンジンが作られるようになった事例である。これをハイルブローナーは計画経済の失敗例として、笑い話のように挙

GDP	1930	1940	1950	1960	1970	1980	1990	2000
France	188,558	165,729	220,492	344,609	592,389	813,763	1,026,491	1,263,467
Switzerland	25,301	27,032	42,545	66,793	105,935	119,909	146,900	163,035
United Kingdom	249,551	330,638	347,850	452,768	599,016	728,224	944,610	1,199,910
Ireland	8,480	9,028	10,231	12,127	18,289	29,047	41,459	82,504
Spain	61,435	53,585	61,429	94,119	214,070	344,987	474,366	625,117
United States	768,314	929,737	1,455,916	2,046,727	3,081,900	4,230,558	5,803,200	8,019,378
Hungary	20,789	24,391	23,158	36,431	51,974	67,549	66,990	72,345
Total Former USSR	252,333	420,091	510,243	843,434	1,351,818	1,709,174	1,987,995	1,287,576
Total Latin America	-	251,167	415,328	682,112	1,139,998	1,960,037	2,239,815	3,064,216
Japan	118,801	209,728	160,966	375,090	1,013,602	1,568,457	2,321,153	2,667,151
Singapore	-	-	2,268	3,803	9,209	21,865	43,330	90,900
Gabon	-	-	1,292	1,866	3,020	4,837	4,500	4,753
World Total	-	4,502,584	5,336,686	8,434,828	13,771,750	20,042,400	27,136,041	36,703,863

(million 1990 International Geary-Khamis dollars)

一人当たりGDP

	1930	1940	1950	1960	1970	1980	1990	2000
France	4.53	4.04	5.27	7.55	11.66	15.11	18.09	21.28
Switzerland	6.25	6.40	9.06	12.46	16.90	17.38	21.49	22.44
United Kingdom	5.44	6.86	6.94	8.65	10.77	12.93	16.43	20.16
Ireland	2.90	3.05	3.45	4.28	6.20	8.54	11.82	21.76
Spain	2.62	2.08	2.19	3.07	6.32	9.20	12.05	15.62
United States	6.21	7.01	9.56	11.33	15.03	18.58	23.20	28.40
Hungary	2.40	2.63	2.48	3.65	5.03	6.31	6.46	7.14
Total Former USSR	1.45	2.14	2.84	3.95	5.58	6.43	6.89	4.45
Total Latin America	-	1.93	2.50	3.13	3.99	5.44	5.07	5.89
Japan	1.85	2.87	1.92	3.99	9.71	13.43	18.79	21.05
Singapore	-	-	2.22	2.31	4.44	9.06	14.22	22.52
Gabon	-	-	3.11	4.18	5.87	6.78	4.80	3.85
World Total	-	1.96	2.11	2.77	3.74	4.52	5.16	6.06

(million 1990 International Geary-Khamis dollars)

1950年を1.00とした場合の一人当たりGDPの増加率

	1930	1940	1950	1960	1970	1980	1990	2000
France	0.86	0.77	1.00	1.43	2.21	2.87	3.43	4.04
Switzerland	0.69	0.71	1.00	1.37	1.86	2.07	2.37	2.48
United Kingdom	0.78	0.99	1.00	1.25	1.55	1.86	2.37	2.91
Ireland	0.84	0.88	1.00	1.24	1.80	2.47	3.42	6.30
Spain	1.20	0.95	1.00	1.40	2.89	4.20	5.51	7.14
United States	0.65	0.73	1.00	1.18	1.57	1.94	2.43	2.97
Hungary	0.97	1.06	1.00	1.47	2.03	2.54	2.60	2.88
Total Former USSR	0.51	0.75	1.00	1.39	1.96	2.26	2.42	1.57
Total Latin America	-	0.77	1.00	1.25	1.59	2.17	2.03	2.35
Japan	0.96	1.50	1.00	2.08	5.06	6.99	9.78	10.96
Singapore	-	-	1.00	1.04	2.00	4.08	6.41	10.15
Gabon	-	-	1.00	1.13	1.52	1.66	1.48	1.55
World Total	-	0.93	1.00	1.31	1.77	2.14	2.44	2.87

Angus Maddison, OECD Development Centre, Paris 2003. を基にして筆者作成。

注

・基準年として1950年を選んだのは第二次世界大戦の影響が40年代前後には大きく比較が難しいと判断したためである。本論文の考えでは、50年以前の初期の方が計画経済の生産性にプラスに働くものと推察される。事実、30年から50年にかけての伸びはソビエトが最も高い。

・対象となる国の選定に関しては、市場経済との対比という事で西側諸国であったフランス、イギリス、アメリカ、中立国のスイスを選択し、基準となる1950年に同程度の一人辺り生産規模を持っていたアイルランド、スペイン、ハンガリー、ラテンアメリカ平均、シンガポール、ガボン、世界平均、そこに日本を加えて抽出した。

表1

げている。しかし逆に、この事も計画経済の効率の良さを示している。
　つまり、生産重量を上げることに関しては効率的であったということである。ただ、人々の価値観において、重量が大事ではなかった事が問題であった。この事は、強制の助け合いにおいて意思決定者による評価が重要である事も示している。なぜなら、人々が何をして何を得るといった助け合いの分配も、その評価に従って決められるからである。今回のケースで言えば、より重い重量を生産した者が、その能力を評価され、より多くの分け前を得ることが出来た。そのために、人々はより重い重量を生み出そうと努力し、結果として世界一重いエンジンが開発された。
　これらは、ここで示す生産性のデータ（表1、表2）及び、ソビエト崩壊に際して、ソビエトの人々が見せた西側諸国への憧れや、それ以前の闇市場の発生を説明するものでもある。つまり、崩壊前のソビエトにおいては、計画経済が示すものは生産されていたものの、人々が西側諸国の商品に見出したような、欲しいと思うものが生産されていなかったのである。それは広い意味での需要予測と言えるかもしれないが、経済学が想定するような数値化できる需要予測が出来ていなかったという類のものではなかった。それは、市場経済では個々の取引を通じて方向性を見出す事で、求められる被助を満たすような加助が生み出されていったが、計画経済においては的確な方向性を見出す事が出来なかったのである。
　生産性が劣っていたのではないのである。ソビエトを初め市場経済へ移行した東側諸国が崩壊後見せた様に、むしろ生産性に関しては計画経済の方が優っているとさえ言えるのである。
　また、90年ごろの生産性の落ち込みの理由とした軍備拡張に関しても、計画者の判断で助け合いを行える計画経済だから陥った状況であったとも言える。

GDP	1988	1989	1990	1991	1992	1993	1994	1995	1996	1997
Albania	7,713	7,917	8,125	5,850	5,429	5,950	6,444	7,301	7,965	7,153
Bulgaria	56,903	55,883	49,779	45,598	42,269	41,635	42,384	43,613	39,514	37,301
Czechoslovakia	135,308	136,418	132,560	115,944	113,300	113,971	117,827	124,790	130,723	131,892
Hungary	73,421	71,776	66,990	59,019	57,211	56,881	58,558	59,430	60,214	62,964
Poland	219,217	215,815	194,920	181,245	185,804	192,749	202,951	217,060	230,084	245,729
Romania	93,020	90,051	80,277	69,921	63,768	64,725	67,249	72,024	74,833	70,268
Yugoslavia	141,983	140,179	129,953	112,711	91,391	76,268	79,190	83,344	91,337	100,596
Total Former USSR	2,007,280	2,037,253	1,987,995	1,862,292	1,592,461	1,436,101	1,237,463	1,171,751	1,137,739	1,160,597

(million 1990 International Geary-Khamis dollars)

一人当たりGDP	1988	1989	1990	1991	1992	1993	1994	1995	1996	1997
Albania	2.46	2.48	2.50	1.78	1.63	1.78	1.91	2.15	2.33	2.09
Bulgaria	6.34	6.22	5.60	5.20	4.88	4.93	5.07	5.28	4.84	4.62
Czechoslovakia	8.71	8.77	8.51	7.44	7.25	7.28	7.52	7.96	8.33	8.41
Hungary	7.03	6.90	6.46	5.69	5.53	5.51	5.68	5.77	5.86	6.15
Poland	5.79	5.68	5.11	4.74	4.84	5.01	5.26	5.62	5.96	6.36
Romania	4.09	3.94	3.51	3.06	2.80	2.84	2.96	3.17	3.31	3.11
Yugoslavia	6.30	6.19	5.72	4.89	3.96	3.33	3.46	3.62	3.96	4.36
Total Former USSR	7.04	7.11	6.89	6.42	5.47	4.93	4.25	4.02	3.91	3.99

(million 1990 International Geary-Khamis dollars)

1950年を1.00とした場合の一人当たりGDPの増加率	1988	1989	1990	1991	1992	1993	1994	1995	1996	1997
Albania	2.46	2.47	2.50	1.77	1.63	1.77	1.90	2.14	2.33	2.08
Bulgaria	3.84	3.76	3.39	3.15	2.96	2.99	3.07	3.20	2.93	2.80
Czechoslovakia	2.49	2.50	2.43	2.12	2.07	2.08	2.15	2.27	2.38	2.40
Hungary	2.84	2.78	2.60	2.30	2.23	2.22	2.29	2.33	2.36	2.48
Poland	2.37	2.32	2.09	1.94	1.98	2.05	2.15	2.30	2.43	2.60
Romania	3.46	3.33	2.97	2.59	2.37	2.41	2.50	2.69	2.80	2.63
Yugoslavia	4.06	3.99	3.69	3.15	2.55	2.15	2.23	2.33	2.56	2.81
Total Former USSR	2.48	2.50	2.42	2.26	1.93	1.73	1.49	1.42	1.38	1.41

Angus Maddison. OECD Development Centre, Paris 2003. を基にして筆者作成。

表2

19.4 発展と停滞

　日本を初め、多くの飛躍的な発展を遂げた国々における、発展初期を考えてみる。この時期、多くの国が社会主義ではないものの、計画経済的な国の主導により経済発展を遂げた事は有名な事実[31]である。

　発展の初期段階に世の中に必要とされるものは、基本的に似たものである。そのため、それを計画によって示し、資源を集中し生産をしていく事で、社会の求めるものを効率よく生産する事が可能となる[32]。もちろん、誤った計画に基づいた生産は発展には結びつかない[33]。逆

---

[31] 輸入代替工業化施策により発展した NIES やそれに続いた東南アジア諸国。詳しくは渡辺（第6章）を参照のこと。
[32] ソビエトにおける NEP の成功などもこれにあたる。
[33] 先のソビエトの崩壊やアフリカ諸国における計画経済の失敗（トダロ、第16章）など。

に市場経済では企業家によるチャレンジを待たなくては市場も選択することはできない。これは必ずしも発展初期段階において、効率よく社会の求めるものが生産できるとは限らないことを示している。この事は、崩壊後、自由市場経済を導入した先のロシアや東側諸国の状況（表2）と符合する考えでもある。

　また、先の日本を初め、多くの飛躍的な発展を遂げた国々における発展期を考えてみる。発展期においては、徐々に自由市場経済への移行が見られる。また、この時期の特徴としては、長期に及ぶ好景気があげられる。発展期になると、初期に比べ市場の求められる方向性も多様化してくる。しかしながら、この時期の方向性に関しては、既に発展している国々の市場を模倣することで容易に見出せる。そのため、発展期においては、長期に及ぶ好景気が可能となる。

　逆に、戦後の欧米諸国、バブル後の日本のように、既に模倣先を見出せない発展した市場を持つ国では、模倣すべき被助の方向性を見出せず、発展は停滞気味になるのである（表1）。

　IT革命など技術革新による経済発展においては、技術革新により、それまで満たす事の出来なかった方向性を満たすことが可能となる。そのため、それまで停滞的であった市場においても、経済が発展していくのである。

19.5 結論

　統計データも示す通り、従来の経済学が指摘するような「生産性の低下により計画経済が破たんした」とは考えづらい。むしろ本論が示すように、計画経済などの強制の助け合いにおいての問題点が崩壊の原因と考えられる。その問題点とは、強制の助け合いにおける助け合いの方向性が強制者による判断にあるため、人々が求めるものと違ってくる可能性がある点である。実際、崩壊前のソビエトにおける闇市場の拡大や最も重いエンジンが作られた事実なども、人々が求める様な助け合いが行われなくなった点と整合的である。

　一方、市場経済は、決められたものを作る上では計画経済より非効率である。しかしながら、市場経済では、助け合いの方向性は個々の

取引を通じて見出される。つまり、人々の求める助け合いが行われる点において計画経済に優っていると言える。

すなわち、計画経済が破たんし市場経済が生き残った理由とは、経済学が想定するような生産性において市場経済が優れていたわけではなく、助け合いの方向性を見出す点において、市場経済が計画経済に優れていたためである。

20 失業

失業は、我々の生活に大きな影響を与えるものとして、経済問題を考える際の中心トピックの一つである。言い換えると、本来経済学が求められているトピックである。しかしながら、従来の経済学では失業の捉え方自体に問題があると考えられる。そこで、本章では失業に関して考察を行うものとする。

20.1 要約

本章の目的は、失業の意味を明らかにし、その要因を考察することである。従来の主流派経済理論では、失業は起こらないことになっている。つまり、従来の主流派経済理論では失業について明らかに出来ない。そのため、本論を下に失業の意味を明らかにし、その要因を明らかにすることを通して、考察を行う。加えて失業のもう一つの側面でもある被助の喪失や不足についても考察を行う。本論の考えに従えば、失業とは加助を行う機会を持たない状態である。また、現在使われている失業という言葉には、職を失うという意味での動的失業と職を持たないという意味での静的失業の2種類がある。また要因として、大きく二つに分類が出来る。一つは、助け合い自体が行われるかに関わる絶対的要因であり、もう一つは、合意にかかわる相対的要因である。細かくは、動的失業が起こる要因として個別に3つの要因が考えられる。一方、職を持たない静的失業は自然状態である。つまり、職を持たない状態こそが本来の状態である。そこから職を持つため、すなわち自然状態である静的失業状態を解消するためには、7つの壁があり、それぞれの壁を乗り越えることで静的失業状態は解消される。

そのため、その7つの壁が静的失業の要因と考えられる。また、それぞれに加助側・被助側を要因とする理由が考えられる。
キーワード：失業、動的失業、静的失業、絶対的要因、相対的要因

20.2 背景

　代表的な経済学の教科書の一つである『マンキュー入門経済学』（マンキュー）によると、「経済の多くの市場においては、需要量と供給量が均衡するように価格が調整される。理想的な市場労働では、労働需要量と労働供給量が均衡するように賃金も調整されるはずである。そして、このような賃金の調整によって、全ての労働者がつねに完全雇用されることが保証されるはずである」と書かれている。そしてその直後に「もちろん、現実はこのような理想状況とは異なっている。経済が活況を呈しているときでさえ、仕事のない労働者がつねに存在する」と書かれている。このことが示すのは、彼が基本に据える経済理論では失業の発生を演繹的には説明出来ないという事である。理想状況にはないために起こる失業として「自発的失業」と「摩擦的失業」があり、後にケインズにより「非自発的失業」が提唱され、現在では失業様態としてこの三つが認識されている。ちなみに、経済学の言う失業とは、やる気はあるが仕事のない状態の事である。つまり、悠々自適な生活や就学などで働かない者は含まれない。

　自発的失業とは能力もやる気もあるが、提示されている賃金では働けないとして、自発的に失業状態を選択している失業のことである。逆に、非自発的失業は能力もやる気もあり、提示されている賃金あるいはそれ以下でも働く意志はあるが、その本人の意志とは関係なく、需要不足などにより失業している状態を指す。摩擦的失業は求職活動を行っている際のタイムラグとして発生する。つまり、能力もやる気もある失業者が求める求人にたどり着くまでの間に生じる失業である。この摩擦的失業は様態とともに要因としても認識されている。

　これらの分類に関しては、そもそも賃金だけを選択基準に据える前提自体が、現実にはそぐわない。実際、賃金以外の労働条件に問題がある場合はどちらに含まれるのであろうか。しかし、より現実的に賃

金に限らず、就業条件と捉え直し分類することは可能であろう。その場合、自発的失業は、就業条件に同意するかどうかを自己判断した結果、失業を労働者自身が選択している状態と捉え直すことは出来るだろう。

ただそう考えた場合、非自発的失業に関しては、どう理解すればよいのだろうか。需要不足により起こると書かれているが、そもそも需要が不足していたら求人もないであろう。求人もないのに能力があるかどうかの判断もあったものではない。求人に関わらず働ける能力という客観的な能力が存在しているということであろうか。もしくは求人5人に対して100人が応募し、100人とも採用条件はクリアーしていたが、最終的に5人が採用された場合のあぶれた95名が失業状態にあることを言っているのであろうか。であれば、雇用者側に受け入れられなかった、つまり能力が他の候補者に比して不足していた、と雇用者側に判断され、職を得ることが出来なかった場合を非自発的失業と呼んでいるという事である。

あるいは、それ以前には働けていた者が同条件では働けなくなった、いわゆる解雇のような状態を想定しているのだろうか。そうであれば、労働者の意志による失業を自発的失業、解雇など、それ以外を理由とする失業を非自発的失業と捉えるとすると、一応の分類は可能であると思われる。

また、それとは別に失業要因として「需要不足失業」「摩擦的失業」「構造的失業」の三つの分類が認識されている。

ここで言う摩擦的失業も、先のものと同様、求める求人にたどり着いていないために起こる失業である[34]。需要不足失業は、景気の循環による労働需要の減少が招く失業の事であり、構造的失業は企業が求める能力と求職者のそれが合わないというミスマッチで起こる失業の事である。

---

[34]「摩擦的失業は労働者が自分の能力を生かせ、良い待遇を得られる職場を探すための時間を反映しているのに対して、構造的失業は求人と求職のミスマッチを反映している」（宮本）

これらの要因は、現実から帰納的に導かれたものである。第五部でも触れるが、これらの現実に照らして、本論の説明力は試される必要がある。しかしながら、帰納的分類では、本来的な意味ではなく、表面的に気付けるものに限定され、分類される危険性がある。経済学では多くの場合、帰納的分類も統計資料に基づいて行われる。そのため、統計資料に含まれる要素に限定され分類されている。これにより、従来の経済学が行っている上記の様な分類にも、不足や混同が生まれていると考えるものである。

　そこで、次項において本論における失業の説明がなされ、それに従い再度分類を行う。その中で、ここで挙げられた失業の類型がどう当てはまるのか、またその意味を明らかにすることも含め、本論の説明力を試すものとする。

20.3 失業の仕組み

20.3.1 失業の意味

　本論の考えに従って考えるなら、失業とは加助を行う機会を持たない状態という事が出来る。これにより助け合いが出来ない状態を避けるための方法の一つが、強制による助け合いであった。強制による助け合いでは、リーダーの判断に従って加助を行う者を決めることが出来る。これにより失業を防ぐことが出来る。しかしながら、現在我々が失業という時に念頭に浮かべているのは取引による助け合い、つまり市場経済での失業の事である。そこで本章では、取引による助け合いを中心に失業の持つ意味を明らかにしていく。

　まず思いだしてもらいたいのは、取引による助け合いが合意に達した時のみに行われる助け合いであった点である。つまり、助け合いありきではないという点である。ここから言えることは、従来の経済理論が言うように失業が起こらないのではなく、全く逆に、失業状態こそが取引による助け合いの自然状態であるという事である。

　そこを前提として、商人や市、貨幣といった存在が、助け合いの機会を増やしてきた。つまり、失業状態を減らしてきたのである。正確

には、取引による助け合いの機会を増やしてきた。結果として、現在は取引による助け合いが大きくなり、大部分の場所で取引による助け合い無しでは生活できなくなってきている[35]。そのため、現在失業という時に念頭に浮かぶのも取引による助け合い、つまり市場経済における失業になっているとも言えるのではないだろうか。

20.3.2 二つの失業

経済学においても、一般に使われる上でも、失業という言葉が二つの違った意味で使われている様に思われる。一つは職を失うという字義通りの意味での失業である。これは元々職を持っていた者がその職を失うという場合の、言わば動的な失業である。もう一つは無職の状態を指す失業である。これは職に就いていない状態を指し、言わば静的な失業と言える。本論ではこれら二つの失業を区別して扱うものとし、それぞれ動的失業、静的失業と呼ぶものとする。

20.3.3 二つの要因

失業が生まれる要因として、大きく二つの要因が考えられる。一つは助け合い自体との関係から生まれる失業である。これは言わば、助け合いが行われるかどうかに関する要因である。もう一つは合意に達する相手との相対的な関係から生まれる失業である。これは助け合いを行う上での合意に関する要因である。ここでは前者を絶対的要因、後者を相対的要因と呼ぶものとする。

20.3.4 二つの側面

また助け合いであるから、ここでも二つの側面を考慮する必要がある。つまり加助と被助の側面である。また失業とは職を失う、もしくは職を失った状態であるから、加助側からの概念という事になる。しかしながら、取引の経済で助け合いが発生するのは、加助側・被助側双方が合意に達した時である。そのため、失業が生じる要因としては、

---

[35]また、取引による助け合い無しには生活出来ないという事は、基本的に誰かを助けなくては生活出来ないということである。

加助側・被助側双方の要因が存在する。また被助側から見ると動的失業は被助の喪失の側面を持ち、静的失業では被助の不足の側面を持っている。

　経済学において、失業は帰納的手法で考察されているため、考察の対象となる労働者側、つまり本論で言う加助側からのアプローチとなっている。そのため、労働者の経験する失業を考察しようとした結果、その範囲が労働者側に限定され、被助側、つまり会社側の観点が喪失しているものと考えられる。そのため、分類もその観点を反映して、加助側の意志によるものが自発的失業であり、それ以外で摩擦的失業にも当てはまらない、外部からの理由により生じるものが非自発的失業とされている。

　以上のことを踏まえ、次にそれぞれの失業について考察を行う。

20.4 動的失業

　動的失業が生まれるのは、それまでは一致していた助け合いの方向性に不一致が生まれる事で起こる。これについて絶対的要因、相対的要因それぞれについて考察を進める。また、側面として加助側・被助側双方の側面がある。

20.4.1 絶対的要因

　助け合い自体との関係から生じる動的失業として、そもそもの助け合いの必要性自体の喪失により、生じる失業が考えられる。以下、不要失業と呼び、加助側・被助側双方の要因に分けて考察する。

20.4.1.1 不要失業

　助け合いを行う必要性が無くなることで生まれる失業。

20.4.1.1.1 加助側

　加助側からすると、生活をすることが出来る状態で、就学あるいはリタイアなどにより、職を辞する事で生まれる失業。この場合、働く気がないため、経済学的には失業ではない。

　加助側を起因とする不要失業で考えられるのは、十分な資産を得たことで、それ以上働かなくても暮らしていけると考え、仕事を辞める

場合などが考えられる。これは取引による助け合いが、そもそも助け合いありきではないために起こる失業だと言える。なぜなら、取引による助け合いでは「これだけしてくれるなら、こっちもこれくらいするよ」といった形で助け合いは行われており、自らの被助の必要が加助を行う動機となっているからである。つまり、十分に被助を受ける事の出来るだけの資産を手に入れた場合、加助を行う必要性がなくなるという事である。無論だからと言って、十分な資産を持つ者全てが加助を行わなくなる、つまり仕事を辞めると言っているのではない。あくまで必要性がなくなるため自ら失業する場合もある事を指摘しているだけである。

また借金や扶養状態でも仕事をしない選択をすることは可能である。就学は多くの場合、扶養や奨学金と言った借金で生活を行える状態にある者が可能となる。無論、この場合も働きながら就学しているケースも少なからず見受けられるが、失業の観点から見た場合、一時的にでも生活が可能な資産を得ることで、仕事をしない選択が可能となり、失業を選ぶケースの話である。ちなみに借金とは、将来加助を行う約束をしているようなものである。そうすることで、先に加助を行っていなくとも被助を受ける権利を受ける事が出来ている。

20.4.1.1.2 *被助側*

自然災害などの復旧のために生じた雇用などが、復旧の完了とともに無くなることで起きる失業などである。他にも、石油資源の開発などにより炭鉱が閉山され生じた失業などもこれにあたる。また、作業の効率化を推し進めた結果生まれた余剰人員をリストラする場合もこれにあたる。

これは、労働者側の意志に寄らない失業であるから、非自発的失業と考えられる。失業を単純に悪と捉えた場合、失業を無くす短絡的な方法としては、動的失業をさせないという方法が考えられる。しかしながら、助け合いを行っていることが理解出来ると、これはそもそもの助け合いを行う必要性がなくなることを意味している事がわかる。つまり、この失業を単純に起こさないようにすると、無駄な働きが生まれるという事である。

このような判断を通して、取引の助け合いでは助け合いの方向性が見出されていく。つまり、個々の取引で必要と判断される取引だけが行われ、そうでないものが求められない事で淘汰され、必要と判断された取引だけが生き残っていくのである。
　現在の日本の法律では、企業において、つまり被助側で、仮に助けが不必要な事態になったとしても容易に辞めさせるわけにはいかない。このため、企業内で他の助けを生み出す事で、無駄な働きを回避している。この過程は厳密に言えば、失業が起こる事と他の雇用を生み出すという事の二つの過程が起きているのである。これが連続して企業内で起きることで、目に見える形での失業が回避されている。これを上手くできないと企業は無駄な労力を抱え込んでいることとなる。これは経営者に助け合いの方向性を見出すことを求めているということである。

20.4.2 *相対的要因*
　相手との関係性に関わる相対的要因としては、二つの失業が考えられる。一つは、以前あった助け合いが、より良い条件のものが現れることで代替される場合に起こる失業であり、以降、代替失業と呼ぶ。もう一つは、合意に達する条件が満たされなくなることで生まれる失業であり、条件失業と呼ぶものとする。

20.4.2.1 代替失業
　被助側にとって、より有利な加助の申し出があった場合や、機械化などでそれまでの加助が代替できる場合、従来の加助を断る可能性がある。それによって起こる失業である。そのため、失業の観点からだけ見ると、被助側を要因とする失業だけが問題となる。ただし、被助の喪失という観点を含めると、加助側を要因とするものも考察することが出来る。

20.4.2.1.1 *加助側*
　加助側の場合、加助側に他の有利な被助の申し出があるパターンが考えられる。前述の通り、この場合、仮にその申し出を受けても加助

側から見て失業とはならない。ただし、被助側からすると被助の喪失が起こっている。つまり被助は求められているのであり、通常新たな求人が行われることとなる。後に示す、静的失業を解消する動きへとつながる。また、新たな申し出を受ける場合にタイムラグ的に失業が発生する場合が考えられるが、これが経済学の言う摩擦的失業に当たると思われる。

20.4.2.1.2 被助側

産業革命時に機械化によって生じた失業や、移民の増加などによって生まれる失業である。

言い換えると、より良い加助を選択出来る場合に、従来の加助を断ることで生まれる失業である。この場合も労働者側の意志に依らない失業であるから、非自発的失業と考えられる。

この場合、被助側が必要とする助けは基本的に維持、もしくはより良い形で満たされている。このため助け合いの観点から言えば、より良くなっているという事が出来る。従来の加助を行っていた者からすると、その機会がなくなり、対価を受ける機会を失うため問題であるが、全体の助け合い、つまりは全体の経済の観点から言えば、むしろより良くなっていると言えるという事である。また、失業により余剰労働力が生まれた状態でもある。この失業が新たな助けに生かされる事で、経済は発展する。経済発展のメカニズムで言及した、ある種の失業とは、この失業のことである。

20.4.2.2 条件失業

従来の合意が維持出来ないために取引が不成立となり、起こる失業である。これには、従来の合意を満たせなくなることで起こる場合と、従来の合意を変えることで起こる場合の二つがある。

20.4.2.2.1 加助側

加助側に起因するものとしては、加齢や事故、病気などに伴う能力の減退や、従来は受け入れきれていた転勤が親の介護などで不可能になる、あるいは環境の変化に伴う給与の増額などの要求条件の変化、などが考えられる。

この失業は、従来の雇用契約ではもはや働けない場合に起こる失業である。この場合は、働きたいと思っていたとしても、従来の条件を加助側が受け入れきれずに生まれる失業であるから、自発的失業である。

20.4.2.2.2 *被助側*
　一方、被助側に起因するものとしては、人手不足に伴う仕事量の増加など、求める被助の内容の変化や、給与の減額などの被助に対する対価の変化が考えられる。

　この場合、従来とは違った貢献を被助側が加助側に求めた場合、もしくは被助側の申し出る対価に変化が生じた場合、加助側がそれを拒否することで生まれる失業である。この場合、加助側は従来の条件では働く気があるが、新たな条件は受け入れきれないとして生まれる失業である。そのため、以前の条件あるいはそれ以下であっても働く気があるにも関わらず生まれる失業を非自発的失業と呼ぶということから、非自発的失業の一部、つまり以前の条件でなら働く気があるにも関わらず生まれる失業に当たると考えられる。

20.4.3 *考察*
　ここでは、以上の分類を踏まえ、動的失業について考察する。失業というと、とかくネガティブなイメージを持たれるが、この様に要因ごとに分類していくと、要因によっては、動的失業が全体として見れば、むしろ良いことであるとさえ言える[36]。

　具体的には、被助側を起因とする不要失業は、方向性を見出すためのステップであり、被助側を起因とする代替失業は、経済発展のためのステップである。

　また、失業を考える上で失業が問題となるのは、従来加助側である。そのため、不要失業や代替失業における加助側を起因とする失業は、従来の考えにおける失業ではない。しかしながら、被助側から見ると

---

[36] つまり、失業が絶対悪ではなく、むしろ失業が起こる事が良い場合も存在するという事である。インド社会がかつて停滞したのも、より良くなるための失業を止めたためとも考えられる（第8章）。

被助の喪失を意味する。そのため、従来の加助側から見た失業を問題視するだけではなく、被助の喪失も同様に考えるべきである様に思える。実際、加助側の辞職により被助側が助けを得ることが出来なくなり、会社や商売自体を閉じる事態も起きると考えられる。

20.5 静的失業

　静的失業が生まれているのは、助け合いの方向性を一致させられていないことを意味する。これにより助け合いが出来ない状態という事が出来る。取引の助け合いにおいては、加助側・被助側双方の合意に従って、この方向性の一致は図られる。

　静的失業要因を見出すことは、動的失業要因ほど簡単ではない。それは、静的失業状態が取引の助け合いでは自然状態であるからである。

　動的失業は、既に得ていた職を失うという意味での失業を扱っていた。一方、静的失業では、失業状態が自然状態である。これが意味することは、明確な理由が無くとも、自然な状態として失業状態であるということである。実際、我々は生まれた時に職を持っているわけではない。この状態を解消することが失業状態を解消することにつながるわけである。その解消には絶対的要因として3つ、相対的要因として4つ、合わせて7つの壁が考えられる。これらの全てを乗り越えることで静的失業は解消されている。

　また動的失業との違いとして、合意を得る可能性のある関係性が、複数存在している点も考慮に入れる必要がある。動的失業では、従来の雇用関係が基本にある。つまり、特定の雇用者と特定の失業者による1対1の関係性が出発点となる。一方、静的失業においては失業者・雇用者双方に複数の選択肢が存在しているのが通常である。

20.5.1 *絶対的要因*

　この要因は、雇用活動を起こす時に関わる要因である。雇用活動が行われる手順を考えた時、募集や応募といった活動自体が行われるかどうかに影響を与える要因である。つまり、求人数や求職数に影響を与える要因ということが出来る。

これには、第一の壁として、そもそもの助け合いの必要性があるか、という必要性の壁が考えられる。この壁をクリアーしたとして次に、静的失業状態を脱するためにはまず何らかのアクション、つまり雇用活動が必要となる。そのために、そのアクションを起こすという発想が浮かぶか、という発想の壁がある。更に、浮かんだとして、そのアクションを起こそうとするか、という動機の壁が考えられる。これら3つの壁を全て乗り越えることで、失業状態を解消するためのステップである雇用活動が行われる。逆に、この壁を乗り越えられなければ雇用活動が始まらない、つまり募集や応募が生まれない、という事である。そのため、統計で表される求人や求職すら生まれないという事である。

20.5.1.1 必要性の壁

これは動的失業における不要失業と似た構造である。つまり、助け合いを行う必要性が無いために生じている失業状態である。

20.5.1.1.1 加助側

十分に生きていける能力があるために、助けてもらう必要性がない場合。あるいは助けてもらう権利である貨幣などの資産を十分に持っているために働く必要性が無く、失業状態でいることが出来る場合である。

これは失業者側が働く必要がないために起こる失業であるから、経済学的には失業に当たらない。

20.5.1.1.2 被助側

被助側から考えると、そもそもの被助の必要性がないということである。これは経済学の想定している構造的失業に当たると思われる。

究極的には、被助の必要性が全く無くなれば加助の必要もなくなるわけであるから、誰も働かなくて済むということである。仮に、それまでに作られた機械や動力によって十分な被助を受けられる状態になれば、理論的にはそれ以上の助け合いは必要でなくなる。自分で全てをこなせる場合も同様である。ただし、人の欲望は無限と言われるように、今必要と感じられる被助が全て満たされたとしても、その時に

は他の新たな被助が求められるかもしれない。人間がこのようであれば、被助側を起因とする不要失業は起こらないということである。現実に多くの人は、まだまだ被助を必要としているであろうし、今が満たされても次の欲望が生まれる人も多く存在すると考えられる。

つまり、個別の事例あるいは環境下では被助の必要性が無いケースも考える事は出来るが、全体として見た場合に被助の必要性が無くなることは、現状では考えづらい。しかしながら、需要不足と言われるような、被助の必要性がないために起こっていると想定される失業が存在しているように思われている。この場合、考えられるのは後述の認識不足のケースである。

20.5.1.2 *認識の壁*

必要性の壁を越えたとしても、助け合いの申し出を行う、あるいはどのような申し出を行えるのかという認識がないことで、募集自体が行われない場合が考えられる。

助け合いが行われていない状態が自然状態であるなら、何らかのアクションが行われなければ助け合いは起きない。そのアクションを起こすという発想自体が浮かばないケースが考えられるという事である。これは求める被助が明確でない、あるいはどのような加助を行えばよいか分からない、つまり助け合いの方向性が分からないために、助け合いが生まれていない状態も含まれる。ここを解決するのが、かつての商人であり現在の経営者である。彼らが加助側と被助側に提案を行う事で、加助側・被助側双方にその必要性を気付かせ、双方をつなげる役割を果たしている。

この失業の存在が、発展の可能性を説明するように思われる。つまり、我々には未だに気付いていない必要性が存在しており、そこに気付き助け合いを実現していくことにより、発展していく事が出来るということである。

20.5.1.2.1 *加助側*

これは加助の申し出をするという発想がない、ということである。失業問題ではよく、不況で求人自体が無いという不満が語られる。し

かしながら、失業状態は求人がなくとも解消することは出来る。つまり、自ら売り込みをすることや、起業を行う事である。その可能性や、やり方を知らないために生まれている失業状態である。ただし、それをやる意欲や資金が無いという場合は、次の動機の壁に当たる。

　第三部でも書いたように、助け合いの出発点が被助の必要性にある以上、加助側からのアクションは、予測に基づいて行われることになる。そのため、不確かであり、この発想を受け入れる障害となっている。

　孤児などが、生きるために窃盗などの犯罪に手を染める場合なども、この失業に当たると考えられる。つまり、被助を得るために加助を行うという発想がないため、窃盗などを通じて被助を得ている場合などである。しかし、働くよりも窃盗を行う事を選んでいる場合は、認識の壁はすでに越えている。その上で、次の動機の壁を越えられずに失業状態にあると考えられる。

20.5.1.2.2 *被助側*

　助けを必要としているが、自分から求めることが出来るという認識がない。あるいは、どのような被助を求めたいのかを的確に認識していないために募集が行われないケースである。必要な助けは、当事者である被助を求める本人が認識していると感じるかも知れない。しかしながら多くの人は、自らの求めるものを明確には認識出来ていない。人の欲望が無限と言われるのも、我々がどれだけの欲望を持っているか認識出来ていないことを表している。広告などを見ることで、その商品が欲しいと思う場合、こんなものが欲しいと思っていて出会う場合もあるだろうが、逆に広告を見て初めて欲しいという感情がわく場合もあるだろう。広告を見て初めて欲しいと思う場合、それ以前には自分の求める助けを認識していなかったということである。需要不足と言われるような、被助の必要性がないために起こっているように見える失業も、多くはその認識が出来ていないために起きていると考えられる。この余地が新事業を生み出し経済を発展させる。つまり、明確でない被助の必要性を見つけ出すことで、新たな助け合いが生まれ発展していくこととなる。

20.5.1.3 動機の壁

　認識の壁を越えたとしても、必ずしも募集が行われるわけではない。なぜなら、募集を行う際に各種のコストが発生するからである。募集広告や試験などを行う様な、誰かの助けを借りる貨幣的なコストに限らず、そのために要する時間や、自ら動く体力的なコストも含め、何かしらのコストが発生する。仮にそれらが無かったとしても、何かしら行動に移す時には、通常最低でも何かしらの心理的コストが必要となる。言わば面倒くさいと思う気持ちである。つまり、募集が行われるには、これらのコストを凌駕するほどの動機が必要だというわけである。

20.5.1.3.1 加助側

　必要性の壁の場合とは違い、被助を必要としているが、加助を行うために動き出そうとはしていない状態である。言い換えると、加助を行う事で必要な被助を得る以外の方法を選んでいる場合である。つまり、取引による助け合い以外の方法で被助を得ようとしている、もしくは必要な被助を我慢する事で加助を行おうとしない場合である。この壁は、言わば加助を行う意欲に関連して生まれている壁である。そのため、自らの意にそぐわない職種への応募を行わない場合も、この意欲の壁に該当すると思われる。例えば、営業職であれば募集が行われているが、他の職を希望することで失業状態が解消されない場合などである。この場合、いわゆる雇用のミスマッチが起こっていると考えられる。

20.5.1.3.2 被助側

　この場合も構造的失業に入るであろう。被助を求める側、一般的には企業が、被助の必要性はあるものの、そのためのコストなどにより、募集を見合わせていることなどで起きる失業である。

20.5.2 相対的要因

　この要因は、お互いが合意に達する時点に関わる失業要因である。つまり、雇用活動が既に行われている上で、助け合いの合意が生まれるために乗り越えるべき壁である。まずは助け合いに求められる能力

や条件が存在しているか、という能力の壁、存在はしているものの、その情報が届いているか、という情報の壁、情報が伝わっていたとしても双方の価値に合意に至る範囲にあるか、という価値の壁、そして、価値が合意できる範囲にあったとして、その配分に偏りがないかどうか、という偏りの壁の4つの壁が考えられる。この4つの壁を全て乗り越えることで合意が行われる。つまり、取引による助け合いが行われる。

20.5.2.1 能力の壁

求められる助け合いを行う上での十分な能力があるかどうかに関する壁である。

20.5.2.1.1 加助側

これは、加助側が被助側の求める能力を持たないことで生まれている失業状態である。このため、教育などを通して能力を高める活動が、経済を活性化させる可能性を持つのである。教育水準と経済発展の間に正の相関関係が生まれるのも、この能力不足が解消されるためだと考えられる。とは言え、この能力の判断は被助側が行うものである。そのため、教育と言っても、前もって必ず被助側に求められる教育が分かっているわけではない。学校教育で伸びるような能力は概して基礎となる能力である。そのため、教育で培った能力が汎用的に効果を持つものと考えられる。また、求める能力を下げ、雇った後に教育を施す方法も有効であると考えられる。教育水準の低い国、あるいは求める能力が一般的な教育では培われにくい場合には、特に有効な方法だと考えられる。

20.5.2.1.2 被助側

被助側が加助側の求める条件を提示出来ないことで生まれている失業状態である。この失業状態を解決しているのが貨幣の存在である。つまり、物々交換では対価として受ける被助が、加助を行う者の求めるものでなかった場合、交換は成立しなかった。しかし、貨幣は将来欲しい被助を受ける権利として機能するため、加助側が受け取る被助

を自由に選べることになることで、この問題を解決しているからである。

しかし、貨幣を利用したとしても、そもそもの貨幣の支払能力が不足している場合も、加助側の求める条件を提示出来ない。これは、取引の助け合いの問題点である、助けた者しか助けてもらえないという、その根本原理のために起きている失業状態である。保育園や介護事業などでの人材が確保出来ない一つの理由と考えられる。つまり、被助を必要とし、それを満たせる人々が存在しているが、そのために対価を支払うだけの能力を持つ人々が不足していることで、助け合いが生まれていない状態である。この失業は、助成金などで減らせる失業である。逆を言えば、裕福な国で経済が活発化する要因と考えられる。また貨幣に関わらない、勤務地や時間などのその他の雇用条件などが求められるものを満たしていない場合も含まれる。例えば、日本で仕事をしたいと考えている場合に、中国での仕事しかないような場合である。

20.5.2.2 情報の壁

能力の壁をクリアー、つまりお互いに求めるような能力を持つ者が存在したとしても、その事を知らなければ助け合いを行うことは出来ない。これは、経済学で言うところの摩擦的失業であると考えられる。

通常の市場で言えば、市はこの部分を補うことで助け合いの機会を増やしてきた。日本におけるハローワークや情報誌、インターネットなどはこの部分を補うことで、静的失業状態の解消に寄与している。

20.5.2.2.1 加助側

被助が求められている事を知らないために助けようとしていない状態である。一般的には雇用の募集が行われている事を知らないために起きている失業の要因である。

20.5.2.2.2 被助側

加助を行ってくれる人を知らないために助けを求めていない状態である。一般的には求職者に出会えていないために起きている失業の要因である。

20.5.2.3 価値の壁

これは価値のミスマッチによって起きている。つまり、情報の壁を乗り越えていたとしても、加助側は加助の価値を高く見積もり、被助側は被助の価値を低く見積もっている場合、合意が出来ない。これは完全市場では起こらないとされる失業である。つまり、貨幣価値のみによって合意は生まれ、その価格も速やかに調整されるとする価格調整メカニズムにより、完全市場においては合意されると考えられている部分である。もしくは、ミスマッチと捉え、先の構造的失業と言われる部分である。

20.5.2.3.1 *加助側*

提供できる加助の部分、一般的には労働内容が、問題となる場合である。例えば、給与など雇用条件では折り合いが付いていて、労働時間など労働内容で折り合いが付かないような場合である。

20.5.2.3.2 *被助側*

一般には雇用条件が問題となる場合である。加助側とは逆に、労働時間など労働内容では折り合いが付いているが、給与などで折り合いが付かない場合である。

20.5.2.4 偏りの壁

価値の壁を乗り越えたとしても、助け合いを行うのに偏りが生じている場合、あぶれる、すなわち、助け合いに参加出来ない状況が生まれる。つまり、必要とされる以上の加助や被助の申し出がある場合である。経済学の言うところの構造的失業である。これは、個別の助け合いである取引の助け合いでは基本的に避けられない事態である。逆に、強制の助け合いでは、この偏りをリーダーの判断で振り分けることが出来る。これにより効率的な分配が可能となる。一方、取引の助け合いでは、判断を行うのは個々の取引の当事者である。基本的に、加助の申し出が多い場合は被助側が、被助の申し出が多い場合は加助側が判断することになる。

20.5.2.4.1 加助側
　加助の申し出が多い場合である。この場合、前述のように被助側が、被助側の価値観に従って良いと判断された加助を受けることとなる。そこに選ばれなかった場合は、静的失業状態が継続することになる。
20.5.2.4.2 被助側
　被助側も同様の構造であるが、この場合生まれるのは静的失業ではなく、被助の不足である。

20.5.3 考察
　以上に示された 7 つの壁を全て乗り越えることで、初めて自然状態である静的失業状態は解消されることになる。
　取引の助け合いにおいて、静的失業とは言わば自然状態である。そのため、何も起こさない状態では失業は解消されない。また、合意に至るには 7 つのクリアーすべき問題があり、それらを全てクリアー出来て初めて、失業は解消される。商人や市、貨幣などにより、取引の助け合いが発展してきたのも、それらが合意を得る上での問題を解決する役割も果たしているからである。とは言え、それらが失業状態を全て解決出来るほどの役割を果たしてはいない。例えば、被助側の能力不足で指摘したように、助けが必要な者が助けを受ける事が出来る状態は、現在の取引の助け合いでは保証されていない。この様な要因を解決する事で静的失業が解消され、更に経済は発展していく可能性がある。

20.6 結論
　失業とは、本論の考えに従うなら、加助を行う機会を持たない状態という事が出来る。また従来の失業に関する議論では、加助側つまり失業者側の観点から議論がなされることが多いが、その要因は加助側・被助側双方に存在する。更に、失業が生まれる状況では被助の喪失や不足も生まれており、そこに関しての議論も同様に必要である。
　また、現在使われている失業という言葉にはそれまでの職を失うことで失業状態になるという意味での動的失業と、職を持たない失業状

態である静的失業の二つの意味が混同されている。この点に関しても、整理して議論はなされるべきである。

　失業は悪と捉えられる向きもあるが、本論を下にその要因ごとに分類を行うと、一概にそうとは言えない。動的失業である不要失業の被助側を要因とするものは、方向性を見出す市場のメカニズムの一つである。加えて、被助側から起こる代替失業は、発展を生むステップの一つである。10章でも指摘したとおり、これらの失業で生まれた余剰労働が生かされる、つまり静的失業が解消されることで方向性を見出す、あるいは発展を生み出すという事である。

　また、静的失業状態は、取引の助け合い、すなわち市場経済においては、自然状態である。その自然状態を解消する上で様々な壁が考えられる。それらの壁を全て乗り越えることで自然状態である静的失業は解消される。失業が生じるのではなく、むしろそれらの壁を乗り越える事で仕事を得る、つまり加助を行う機会が生じるのである。そのため、かつて商人や市、貨幣がそうであったように、それらの壁を乗り越えるのに有用な仕組みや方法を見出す事で、加助の機会をより多く得る、すなわち静的失業状態の改善も可能であると思われる。

第五部：経済学の現実

ここまで、経済は助け合いであるとの仮説に基づき新たな考えを提示してきたが、ここではなぜ新たな考えが必要なのかを明らかにするため、従来の経済学に対する批判を行うものとする。また理解の助けとして、筆者が考える、従来の経済学における本論の位置付けを明らかにする。

21 経済学批判

ここでは現実と合致しない前提を下に、演繹的手法により経済理論を導出している主流派、および非主流派の経済学を批判対象とする。

21.1 一般意識と経済学の乖離

本論は、実際の経済に身を置かれている方、特に会社を経営されている方からすれば、当たり前の事を言っているだけだと思われたかもしれない。実際、フォードや松下幸之助などの名だたる経営者達は、本論に通じる考えを述べてきている[37]。ただ一般の方からは、その言葉のイメージから、それが経済の本質を表すものではないと考えられてきたにすぎない。しかし、その事が経済学にとってはコペルニクス革命にも匹敵する、根本からの変革を求める理論であると考えるものである。

このような事態が起きている一因は、一般の方が想定している経済学と現在の経済学の間に、大きな乖離が存在しているからだと思われる。

実は現在の経済学は、現実の経済について、あまり多くのことを語っていない。つまり、経済学は一般に期待されているような、現実の経済を研究している学問ではない。

---

[37] ヘンリー・フォード「事業は利益のために存在すると考えられてきた。これは誤りである。事業は奉仕のために存在するものだ」（フォード、上巻 316 頁）
松下幸之助「一つの仕事は他の仕事につながり、それがつながって世の中が動いている」（高野、117 頁）

これは、主流派と呼ばれる経済学の理論において、その前提として、経済人モデルを始め、時間が流れず、情報も瞬時に行き渡るなど、とても現実には存在しえない世界が設定されているためである。つまり前提として、現実の世界のことを経済学は扱っていないのである。この事実が既に、一般の考えとは大きな違いだと思われる。経済学者はその事を踏まえ、それでも、そういった前提から作られる理論でも一定の価値は存在すると考え（マンキュー；若田部）、研究を進めているのである。

　つまり、経済学者の考えを知るためには経済学者が使うレトリックに気をつける必要がある。彼らがあたかも現実に即した経済の話をしているように見えても、そこには一般とは違う定義や、現実ではあり得ないような前提が隠されている。例えば先述の経済人モデルとは、経済人と呼ばれる架空の人間像のことである。主流派経済学の理論は、この人間像を前提として成り立っている。この経済人とは、貨幣価値に従って合理的に判断を行うとされている。つまり、貨幣価値に従って合理的に判断する、言わば守銭奴プログラムのような人間像である。主流派経済学では、一般の人々が作り出す経済の話ではなく、守銭奴プログラムによって作られるであろう経済の話をしているのである。このことは、我々が普段使うような言葉で経済学者の言葉を聞いてはならないということを示している。しかしながら、これは何も経済学に限った話ではない。専門的な分野では、言葉の定義が厳密に行われた結果として一般に理解されているのとは別の意味で使われることはよくあることである。

　ここで言いたいのは、「経済学が使う言葉が我々の使う言葉とは違う」ことを批判しているのではなく。「経済学が使う言葉が我々の使う言葉とは違う」ことを認識して経済学者の言う言葉を聞いて欲しいということである。そうすることで、それがいかに狭い範囲のこと（あるいは現実とは違う世界のこと）を話しているかが分かってくるという事である。つまり、彼らの理論は彼らの理論が通用する限定された条件下（つまり彼らの理論が機能する夢のバーチャル世界）の事を語っているにすぎないのである。それを我々が、あたかも現実の世

界の事を語っていると勘違いして聞いてきただけである。しかしながら、筆者としては夢のバーチャル世界よりも現実の世界の事が重要である。そのため本論では、現実の世界の経済の仕組みについて、明らかにしてきたつもりである。

　筆者が研究を始めて、これに関連していると思われる、ひとつの現象があった。それは、本論が主張する理論を一般の方に説明した場合、特に普段から経験している市場経済の説明などは、比較的簡単に理解していただけたのだが、唯一、全くと言ってよいほど、理解してもらえない方々が存在したことである。その方々とは経済学者の方々である。本論の考えを比較的寛容に受け入れて頂けたのは、経済学史を研究されている先生方と批判的実在論者の方々のごく一部だけであった。このことは、一般の方々にかなり簡単に納得していただけたのとは好対照であった。もしかしたら、経済学者の方々は、筆者の話す現実の経済の話を、経済学の考える夢のバーチャル世界の話として理解しようとしたため受け入れることが出来なかったのかも知れない。むろん、これは筆者が出会い本論について話す機会を得た、限られた方に関するエピソードである。筆者としては、この事がただの気のせいであってくれることを願う。

21.2 経済学方法論の限界

　経済学の現状は、経済学の教科書と見なされる本の冒頭でも自虐的に示されるように、相矛盾するものも含め数多くの考えが併存している（マンキュー、52-53頁）。この様な事態が生まれるのは、経済学が未だに経済の本質を捉え間違っていると考えるものである。

　このような事態が生まれている原因の一つに、経済学が採用する方法論自体の問題点が考えられる。経済学者は経済というものは複雑であるから、その理解のために、ある程度前提条件を設け、そこから演繹的に導出した理論を下に単純なモデルを構築する方法を採っている（ハバード＆ケイン、78頁）。

　簡潔な理論を提示しようとすれば前提条件を示すこと自体は、非常に妥当なやり方である。しかしながら、問題はその前提条件が、先述

の通りあまりにも現実離れしている点にある。特に主流派とよばれる経済学が前提とするものが、あまりにもひどい。

　上記にあるように、相矛盾するものも含め数多くの考えが出てくるのも、これらの前提条件に対する批判から出てきているものが多い。ただし、あまりにも多くのおかしな前提条件がありすぎて、その前提条件のどこを批判するかによって何通りもの考えが生まれてきている。しかしながら、それらの批判も数多くあるおかしな前提条件の内、一つあるいは一部の前提条件を否定するに留まっていて、その根本を否定してはいない。つまり、それらの批判も不十分であり本質的な批判には至っていないと考えるものである。このように一部の否定に留まる姿勢は、現実の経済を扱うことを諦めてさえいるように見える。

　これから展開されるのは、経済学の中でも上記のような前提の下に、演繹的手法を使い、経済の仕組みを解明しようとしてきた経済学への否定である。また、帰納的手法は、今回主題に据える様な基本的なメカニズムを導き出そうとする研究には適さない手法である。むしろ、それらが分析の対象とする現実は、ここで示されるメカニズムが説明力を有するかの検証にこそ、有用なものである。そのため、これらの研究に対しては否定ではなく、検証材料として積極的に活用すべきものだと考える。

　演繹的手法を用いる経済理論においては、経済の仕組みを解明するために、人間像を固定し、その上に理論を構築するといった手法が用いられている。人間の行為の結果として現れる経済の仕組みを解明しようとするわけであるから、その人間を原点に据えて論を展開する手法は当然とも言える。しかしながら、問題は、その原点となる人間が未だ究明されていない点にある。その解決策として、前提となる人間像を固定して、その上に理論を構築する手法が、それらの経済学では、採られている。

　具体的には、多くの場合、先述したような合理的な守銭奴として、人間像を固定する事で理論を構築する手法が採られている。その上で、

貨幣価値に基づき関数化して単純なモデルを生み出している[38]。このことは、その判断に動かされる経済とは、貨幣価値で表される領域であると、暗に定義している様なものである。また、これは一般の認識とも合致しているように思われる。つまり、一般にも同様に「経済とは貨幣に関するもの」との認識があると思われる。しかし、その暗黙の前提に問題があるとするなら、認識の全てを組み替える必要が出て来る。

何よりも、貨幣価値が客観的に表されうるか、あるいはそれに左右されるか以前に、我々は未だに一人の人間の行動や判断すら関数化出来ていない。更に言えば、どのような要素から影響を受けるかも、把握出来ていない。それにも関わらず、その行動や判断の結果として現れる経済活動に関して、関数化して表せると考えるのは、あたかもピースの足らないジグソーパズルを完成出来ると考える様なものである。また、その様にして作られたものが歪になるのは当然である。

つまり、少なくとも現状のような人間像の解明の段階において、経済は数式などで表され得るものではないという事である。とは言え、今まで営々と積み上げてきた努力が全て無駄であったと言いたいかと言えば、決してそうではない。中には正しくつながっているピースもあるからである。経済学でも、そのような前提が現実ではないことを認めたうえで、前提を明確にし、それに基づいた厳密な理論を積み上

---

[38]経済学は他の社会科学に比べ客観的な数量（貨幣価値や生産量など）で表現が可能であるために科学的であるとの考えが経済学の世界には存在している（山崎）。また、この事により関数化も可能となる。言い換えると、この考えが成り立つためには経済は客観的な数量で表現されなくてはならないことになる。そのため人間の判断もそれに基づいて行われる必要性が出てくる。仮に、これが因果の方向であるなら、つまり経済学を客観的な数量に関するものに留めておくために経済人の仮定を必要としていたとしたら、論理を正当化するために前提条件を創り出していることになる。そうすることで、人間の持つ他の要素からの影響を考慮に入れずに済む夢の世界で、統計資料を集めやすい貨幣価値に基づき様々な理論を生み出しているという事になる。もしそうであれば、経済学が現実を表せていないのも当然である。
また貨幣価値自身を客観的数値と捉える事自体も誤りである。そもそも価値とは客観的に表されうる概念ではない。価値とは人々が評価する値であるからあくまで主観的なものであり、客観的数値にはなり得ない。

げる事で、そこから得られる結論は、前提さえ合っていれば正しい理論であるといった論法で経済理論の価値を説く（若田部、258-259頁）。確かに、この様にして得られた知見は、その傾向を表すものとしては有効である。

つまり、今までの関数化して表す経済学も、その前提が通用する範囲において、その傾向を表すものとしては有意味である。しかしながら、あり得ない前提を基に、単に傾向を表したに過ぎない理論を、あたかも普遍の理論かの様に扱っている点に経済学の歪さの原因がある。更に、傾向を表したに過ぎない理論の上に、演繹的にまた傾向を表す事しか出来ない様な理論を重ねていけば、それらの積み上げの結果として生まれてくる理論は、すでに傾向すら表せない理論となるのも当然であるという事である。

例えば、経済学の基礎理論の一つでもある一般均衡理論も、本来、長期に亘って取引された結果、価格が熟れてくる傾向を表している。つまり、その傾向を表す理論としては有益だと思われる。しかし、その傾向を表しているに過ぎない理論を、あたかも普遍的な価格決定理論かのように、いつでも通用する理論として扱っている点に問題がある。つまり、新製品がどんどん生まれている様な現在では、全体の理論としては通用しない理論である。それにも関わらず、あたかも市場の価格決定原理として、この理論を基に多くの理論が生み出されている。

オーストリア学派においては、先に示したような貨幣価値のみに基づいて判断をする人間像は採用されていない。代わりに、ミーゼス（1991）に代表されるように、より現実の人間像に近い人間像を基に、理論が組み立てられている。そのため、貨幣価値のみに基づいて判断をする人間像を前提とする、他の経済学よりは現実の経済に適合した理論であると考えるものである。ヴォーン（2000）にも書かれている様に、現実の経済に身を置く実業界や、経験から判断する初学習者を教える者に支持されているのも、この事を裏付けていると考えるものである。しかしながら、結局、未だ解明されていない人間像を固定し

て組み立てられた理論であり、傾向を表す事しか出来ていない。つまり、各論としては現実の経済の傾向を表していると思われるものも多く存在する。しかしながら、全体として経済の仕組みを明らかには出来ていないと考えるものである。

　そこで、これらの理論が有効に活用されるためにも、その全体像を考える必要がある。つまり、どの理論がどの程度の傾向を表し、またそれらがどのような関係を持っているかを判別するために、その全体像を考える必要がある。問題はピースの足りないジグソーパズルでどのようにして、その全体を掴む事が出来るかである。
　すなわち、新しいパラダイムが必要であり、本書が示す「経済=互助」との考えが新たなパラダイムになりうると考えるものである。

22 本論の位置づけ

　経済が貨幣価値に関わる分野だけではないとの見解を持つものに、ポランニーを始祖とする経済人類学がある。経済人類学を、従来の経済学の範囲に囚われない、より学際的な分野とする栗本（1995）の分類に従うなら、本論文は経済人類学に類するとも言える。つまり、ここで言う経済人類学とは、文化人類学の一分野ではなく、現状の学問分野に照らして考えるなら、社会科学全般ひいては脳科学など自然科学すら広く視野に入れる、経済に関わる学際的な分野である。しかし、経済人類学に類するからと言って、ポランニー（2009）の理論を下に展開されるものではない。むしろポランニーが帰納的に導き出したと思われる互酬、配分、交換と言った制度は、どれも互助の異なる形態である、自然な助け合い、全体での助け合い、取引の助け合いに対応して内包できる。つまり、ポランニーの着想も、この理論の下位に位置付けられる。また、下位概念としてのポランニーの理論を支持するものでもない。
　加えて、先に指摘した他の経済理論の様に人間像を固定することなく、その論を展開しているものに、アダム・スミス（2000-2001）とカール・メンガー（1982-1984）が挙げられる。両者の考えは、本論

文の考えにおける下位概念の市場経済に関してではあるが、ラカトシュの言う、ハードコアを共有すると思われる。

スミス（2000-2001）に関しては、ラカトシュの言う補助仮説（松村良）にあたる、交換が起こるメカニズムの説明などに問題はある。しかしながら、経済の本質を分業に据え、リカード以降に見られる様な客観的価値に囚われず展開している考えであり、これは本論文の考えと通じるものである。

一方、メンガー（1982-1984）に関しては、スミス（2000-2001）の問題点を修正しつつ、その考えを発展させている。メンガーと言えば、現代の主流派経済学の基礎理論となる限界革命を起こした三人のうちの一人と見なされている。しかしながら、その理論は主流派経済学が理解する考えと同一ではない。そのため、先に、現実の経済に比較的適合する経済理論として挙げた、つまり主流派経済学とは異なる、オーストリア学派の考えは彼の理論から生まれている。しかし、残念ながらミーゼスをはじめとする後継者たちも、彼の理論の重要な部分を見落として彼の理論を継承しているように思われる。その部分とは、主観的価値による交換のメカニズムを基礎に据えるものであり、その内容は本論文の考えとも整合性を持つものである。そのため、市場経済のメカニズムとしてではあるが、メンガー（1982-1984）の考えを基本的に支持するものである。

また、従来の経済学に対して疑問を呈する進化経済学に対しては、その求める解を提供するものであると、自負するものである。

経済学への批判という観点からは、ここまで示したような不十分な批判ではなく、徹底した批判を加えているグループに、ローソン（1997）など批判的実在論者とよばれる人々がいる。この批判的実在論者の批判に、本論は全面的に同意するものである。そのため、より詳細な批判を求める読者には、そちらを読むことをお勧めする。

23 結論

　以上記した様に、まずもって経済学に対する認識が一般の人々と経済学者では大きく違っている。基本的に一般の人々は、経済学が現実の経済に対する学問だと考えているが経済学者はそう考えていない。

　中でも主流派とよばれる数理経済学は非常に現実から乖離しており現実の経済に対しては誤った理論である。また、それら主流派を批判する非主流派とよばれる多くの理論は、主流派に比べると現実に近づいているが、とはいえ、その非主流派も含め、現在までの多くの経済理論は根本的に現実の経済を扱おうとさえしていない様に見える。

　経済学史的に本論を位置づけるなら、アダム・スミスからカール・メンガーへの流れの先に位置付けられると考えられる。経済学批判に関しては、批判的実在論者に同意するものであり、その整合性も高いと考えている。他にも、今までとは違うアプローチで現実に適合した理論を探そうと、その方法論から模索している進化経済学などには共感を覚えるものである。しかしながら、批判的実在論者達も進化経済学者達も今までの理論の代わりとなるような新しい理論は提案できていない。そこで、今までの理論の代わりとなる新しい経済の基礎理論として本論を上梓する。

まとめ

　第五部で示したように筆者は、従来の経済学は現実の経済を扱う事を諦めていると感じている。そのような中で、現実の経済に合致する経済理論を求めるならば、全く新しい観点が必要となる。「経済とは助け合いである」という原理が、その新たな観点であり、本書では様々な事象に対して一貫して、その観点から説明が可能なことを示す事で、アブダクションによる蓋然性を示してきたつもりである。

　我々が現在、経済を複雑なものと考えてきたのは、物事を自らの視点からのみ見ているからではないだろうか？無意識、あるいは他人の判断によっても助け合いが行われている事に気付く事で、複雑に見えていたものも秩序だって見えてくる。そのため、本編の冒頭で提示した質問にも簡潔に答えることが出来る。

　経済が助け合いであると気付けば、一人では生きていけない我々にとって経済、つまり助け合いが必要な事も容易に理解出来る。また、無意識あるいは他人の判断による助け合いも含め、その範囲を広げ、あるいは高度化する事で、我々は発展してきた。

　無意識に行われる助け合いである取引においては、誰しもが取引したい商品が貨幣となり「助けた証」あるいは「助けてもらう権利」として、市場経済では機能している。一方、リーダーに助け合いの判断を委ね、その判断に従う領域が国である。この様に国が行う政治も、貨幣を媒介に営まれる市場経済も、判断の仕方の違う助け合いであり、お互いに補完関係にある。

　なぜ失業が起こるかと問うことは、設問自体が誤りである。なぜなら、失業状態こそが自然状態、つまりスタートラインであり、そこからどうやって失業状態を解消し、助け合いの輪に入れるかを考えなくてはならない。現在はグローバル化の時代だと言われるが、これは世界規模で助け合いが行われていっているという事である。

　また、これまで重要視されなかった事として、現在我々が最も身近に接している市場経済においては、各々の購買活動が社会の方向性を決めている。そのため、各々の判断力を高めるための教育や、適切な判断が出来る様に的確な情報が供給される必要がある。序章でも書い

たが、助け合いが全て良い訳ではない。大事なのは、その方向である。その方向の決め方が、社会のあり方を決める。皆が等しく判断力がある社会であれば、それぞれの価値観が活かされる様な社会が適しているであろうし、価値観の差以上に判断力に差があるなら、判断力の高い者に判断を委ねる社会の方が適している。

とは言え、どのような社会が良いかまで議論することは本書の範疇を超えている。本書ではあくまで現実の経済の仕組みを明らかにすることまでであり、その事がよりよい社会を築くための礎となってくれることを願うものである。

冒頭でも述べたように、本書は所詮、思い付きに基づき、その青写真を示して来たに過ぎない。しかしながら、もしこの考えが正しければ、様々な事象と照らし合わせる事で、よりその蓋然性は増していくものと考えられる。その過程で、従来の経済理論の中にも、本書が示す考えの上でその意味を再評価される事で、現実に適合した理論となり得るものもあるだろう。それでも、まだまだ足らないピースはいくらでもある。それらが埋まっていく過程で、この理論が科学となっていくのではないだろうか。ここから、その道が始まる事を願うものである。

貨幣、あるいは都合良く固定化された人間像を中心に据えて経済を理解しようという試みは、現在のところ成功しているとは言い難い。つまり、経済に関する知の構造物は、貨幣や都合良く固定化された人間像を基礎に据えてはきちんと組み上げることが出来ていない。むしろ、経済学といういびつな知の構造物を作り上げてきている。きちんとした構造物を作り出すためには、いびつな構造物を一度破壊し、一から組み上げる努力が求められていると筆者は考える。

謝辞

　まずは、何をおいても姫野順一教授（現長崎外国語大学特任教授、元長崎大学教授）に謝辞を述べさせていただかないわけにはいかない。先生には公式な生徒でないにもかかわらず、闇夜の灯台のように、その行き先を提示いただき、元々学術世界に身を置いていたわけではない私を導いていただいた。先生がいらっしゃらなければ、本論を上梓することはかなわなかったであろう。

　また、姫野教授の紹介で参加させていただいた、ケンブリッジにおける批判的実在論者によるオープンセミナーにおいて、「経済＝互助」という本論の基礎となる考えに賛意を示し、書き続ける勇気をいただいたトニー・ローソン教授（ケンブリッジ大学教授）にも、長年真の経済学を追い求める姿勢への敬意も込めて謝辞を述べたい。

　また、本論の考えが固まる以前から、私の考えに興味を持っていただき、本論完成の際にも最初にその批評をしていただいた海野敦史氏（現国土交通省道路局道路利用調整室長、元長崎大学准教授）にも謝辞を述べさせていただきたい。

　他にも、本論を書くきっかけとなった大学院における研究の時間を与えてくれた、当時の従業員たちにも感謝したい。

　最後に、本論の考えに耳を傾け、賛同あるいは批判をくれ、多くの示唆を与えてくれた世界中の多くの友人たちにも感謝を述べたい。

参考文献

Basu, Dipak R. (1996) "Causes of the collapse of the Soviet System - a critical analysis"『經營と經濟』75(3-4)、長崎工業經營專門學校大東亞經濟研究所、113-142頁

Darrow, M. & A. Tomas (2005). "Capture, and conflict: A call for Human Rights accountability in development Cooperation." *Human Rights Quarterly. 27(2)*. pp. 471-538

Lawson, T. (1997). *Economics & reality*. London and New York: Routledge.

Shaw, G. Bernard (2008). Burkey, Ron re-ed. *MAN AND SUPERMAN: A COMEDY AND A PHILOSOPHY*. Indiana: Eve Sobol. http://www.sandroid.org/GutenMark/wasftp.GutenMark/MarkedTexts/mands10.pdf 2016年9月26日確認

Vugt, M. V., R. Hogan & R. Kaiser (2008). "Leadership, followership and evolution: Some lessons from the Past." *American Psychologist*. 63(3). pp. 182-196

青柳正規(2009)『興亡の世界史:第00巻　人類文明の黎明と暮れ方』講談社

アタリ, J. (1994)山内昶 訳『所有の歴史: 本義にも転義にも.』法政大学出版局

井澤秀紀(2011)「経済と経済学の語源について」『RIEBニュースレター』103、神戸大学経済経営研究所

伊丹敬之・加護野忠男(2003)『ゼミナール　経営学入門』第3版、日本経済新聞社

伊藤俊太郎(1996)「総論 1　文明の画期と環境変動」伊藤俊太郎・安田義憲 編『地球と文明の画期』（講座　文明と環境）第2巻、朝倉書店、1－10頁

伊藤誠(1995)『市場経済と社会主義』平凡社

上宮正一郎(1988)「「価値のパラドックス」問題に関するノート(野尻武敏博士記念号)」『国民経済雑誌』158(3)、神戸大学経済経営学会、95-113頁

ヴォーン, カレン I. (2000)渡部茂・中島正人 訳『オーストリア経済学：アメリカにおけるその発展』学文社

岡村秀典(1998)「農耕社会と文明の形成」『岩波講座 世界歴史』第3巻、岩波書店、77-102頁

尾近裕幸・橋本努編著(2003)『オーストリア学派の経済学：体系的序説』日本経済評論社

金井雄一・中西聡・福澤直樹 編(2010)『世界経済の歴史：グローバル経済史入門』名古屋大学出版会

川西宏幸(1996)「エジプトにおける都市文明の誕生」金崎恕・川西宏幸 編『都市と文明』(講座 文明と環境)第4巻、朝倉書店、42-62頁

ギボン,エドワード(2008)中倉玄喜 編訳『新訳 ローマ帝国衰亡史 普及版』PHP研究所

木村凌二・鶴間和幸(1998)「帝国と支配：古代の遺産」『岩波講座 世界歴史』第5巻、岩波書店、3-59頁

クーン,トーマス S. (1995)常石敬一 訳、『コペルニクス革命』、第8刷、講談社

栗本真一郎(1995)『経済人類学を学ぶ』有斐閣選書

クルーグマン,ポール, R.(2000)山岡洋一 訳『良い経済学悪い経済学』日本経済新聞社

後藤明(2005)「オセアニア島嶼部における生計戦略の長期過程」岩崎卓也 編代『食糧獲得社会の考古学』（現代の考古学 2）朝倉書店、150-167頁

神戸大学経営学研究科研究室 編(1988)「X-Y 理論」『経営学大辞典』第2版、中央経済社、41頁

小林久高(1991-1992)「社会規範の意味について」『社会学評論』42 (1)、32-46頁

佐原真(1999)「日本・世界の戦争の起源」福井勝義・春成秀爾 編『人類にとって戦いとは 1：戦いの進化と国家の生成』東洋書林、58-100頁

塩野七生(1992-2006)『ローマ人の物語』全15冊、新潮社

志田明「限界効用」『日本大百科全書(ニッポニカ)』小学館 https://kotobank.jp/word/%E9%99%90%E7%95%8C%E5%8A%B9%E7%94%A8-60292#E6.97.A5.E6.9C.AC.E5.A4.A7.E7.99.BE.E7.A7.91.E5.85.

A8.E6.9B.B8.28.E3.83.8B.E3.83.83.E3.83.9D.E3.83.8B.E3.82.AB.29、 2015年12月10日アクセス

スタブリアノス, L. S. (1991)猿谷要 監訳・斎藤元一 訳『新・世界の歴史：環境・男女関係・社会・戦争からみた世界史』桐原書店

周藤芳幸(2006)『古代ギリシア 地中海への展開』(諸文明の起源7)京都大学学術出版会.

スミス，アダム(2000-2001)杉山忠平 訳『国富論』岩波書店

ダイアモンド，ジャレド(2010). 倉骨彰 訳『銃・病原菌・鉄：一万三〇〇〇年にわたる人類史の謎』、上・下巻、第15刷、草思社

高野研一（2016）『カリスマ経営者の名著を読む』日本経済新聞出版社

高畑由起夫(1999)「競争・争い・暴力の進化：ヒト以外の霊長類の場合」、福井勝義・春成秀爾 編『人類にとって戦いとは1：戦いの進化と国家の生成』、東洋書林、12-32頁

高宮いづみ(1998)「ナカダ文化論：ナイル河流域における初期国家の形成」『岩波講座 世界歴史』第2巻、岩波書店、125-144頁

ダンカン，ジョン(2011)田淵健太 訳『知性誕生：器から宇宙船までを生み出した驚異のシステムの起源』、早川書房

鶴間和幸(1998)「中華の形成と東方世界」『岩波講座 世界歴史』第3巻、岩波書店、3-76頁

デイヴィス，ウイリアム H. (1990) 赤木昭夫 訳『パースの認識論』産業図書

トダロ, M. P. (1997)OCDI 開発経済研究会 訳『M・トダロの開発経済学』国際協力出版会

トヨタ自動車 WEB サイト、「クルマはどうやってつくるの」https://www.toyota.co.jp/jp/kids/car/cooperation.html、2016年9月23日確認

中村晃紀(1990)「法と事実」『法哲学綱要』青林書院、25-46頁

中村修也(2005)『日本古代商業史の研究』（思文閣史学叢書）思文閣出版

中村直美(1990)「法と道徳」『法哲学綱要』青林書院、111-133頁

西秋良宏(2005)「初期人類の食糧獲得戦略」岩崎卓也 編代『食糧獲得社会の考古学』（現代の考古学2）朝倉書店、238-258頁

西田正規(2007)『人類史のなかの定住革命』講談社学術文庫

西部忠(1993a)『社会主義経済計算論争の市場像：経済の調整と組織化』、博士論文、北海道大学、1993年3月。
http://hdl.handle.net/2115/32896

―――(1993b)「社会的制度としての市場像：社会主義経済計算論争をめぐるハイエクとポランニーの市場像」伊藤誠・小幡道昭編『市場経済の学史的検討』社会評論社、237-277頁

野家啓一(1998)『クーン:パラダイム』（現代思想の冒険者たち24）第2刷、講談社

ハイエク, フリードリッヒ A. フォン(1986)田中真晴・田中秀夫 編訳「社会における知識の利用」『市場・知識・自由：自由主義の経済思想』ミネルヴァ書房

――― (1990)嘉治元郎・嘉治佐代 訳『個人主義と経済秩序』春秋社

ハイルブローナー, ロバート L.(1996)中村達也・吉田利子 訳『二十一世紀の資本主義』ダイヤモンド社

パターソン, オーランド(1982)奥田暁子 訳『世界の奴隷制の歴史』（世界人権問題叢書４１）、明石書店

羽生淳子(2005)「北米北西海岸とカリフォルニアの狩猟採集民」第10章、岩崎卓也 編代『食糧獲得社会の考古学』（現代の考古学2）朝倉書店、222-237頁

林俊雄(1998)「草原遊牧文明論」『岩波講座 世界歴史』第3巻、岩波書店、125-149頁

フォード，ヘンリー（2000）豊士栄訳『ヘンリー・フォード著作集』上下、創英社・三省堂書店

福井勝義(1999)「戦いの進化と民族の生存戦略」福井勝義・春成秀爾編『人類にとって戦いとは１：戦いの進化と国家の生成』東洋書林、161-184頁

フクヤマ, フランシス(2013)会田 弘継 訳『政治の起源』，上・下巻、講談社

藤井純夫(1998)「「肥沃な三日月地帯」の外側：ヒツジ以前・ヒツジ以後の内陸部乾燥地帯」『岩波講座 世界歴史』第2巻、岩波書店、97-124頁

ポランニー, カール (2009) 野口建彦・栖原学 訳『大転換：市場社会の形成と崩壊』東洋経済新報社

松木武彦(2009)『進化考古学の大冒険』、新潮社

松本健(1996a)「4 メソポタミア文明の興亡と画期」伊藤俊太郎・安田義憲 編『地球と文明の画期』（講座 文明と環境）朝倉書店、91-103頁

―――(1996b)「メソポタミアにおける都市文明の誕生」金崎恕・川西宏幸 編『都市と文明』（講座 文明と環境）第4巻、朝倉書店、30-41頁

松村明 監修(1995)『大辞林』第2版、三省堂

―――編(1998)『大辞泉』(増補・新装版)、小学館

松村良平(2007)「経営学の科学哲学的位置づけについて」『経営論集』70、東洋大学、61-76頁

マルクス(1975)望月清司 訳『ゴータ綱領批判』岩波書店

マンキュー, N. グレゴリー(2014)足立英之 他訳『マンキュー入門経済学』第二版、東洋経済新報社

ミーゼス, ルドウィグ フォン(1991)村田稔雄 訳『ヒューマン・アクション』春秋社

三島淑臣(1980)『法思想史』（現代法律学講座3）青林書院

宮脇淳子(2002)『モンゴルの歴史：遊牧民の誕生からモンゴル国まで』刀水書房

宮本弘曉(2015)「摩擦的失業と構造的失業」『日本労働研究雑誌』657、70-71頁

メンガー, カール(1982-1984)八木紀一郎 他訳『一般理論経済学』1・2, みすず書房

モース、マルセス(2014)森山工 訳『贈与論 他二編』岩波書店

安田善憲(2014)『一万年前：気候大変動による食糧革命、そして文明誕生へ』イースト・プレス

山崎弘之(1985)「経済学と主観主義：イギリス経験主義とカントを中心として」『國士舘大學政經論叢』60(2)、国士舘大学政経学会、27-56頁

ラヴォイ, ドン(1999)吉田靖彦 訳『社会主義経済計算論争再考：対抗と集権的計画編成』青山社

ランゲ, オスカル(1970)都留重人 他訳『経済発展と社会の進歩』岩波書店

ロジャーズ, Nigel. (2013)田中 敦子 訳『ローマ帝国大図鑑：ヨーロッパの歴史への道は全てローマ帝国に通ずる』ガイア ブックス

若田部昌澄(2004-2003)『経済学者たちの闘い：エコノミクスの考古学』第五刷、東洋経済新報社

渡辺利夫(2010)『開発経済学入門』東洋経済新報社

現実の経済と経済学の現実

2017 年 5 月 15 日　初版第 1 刷発行

著　者　上田寛（うえだ・かん）

発行所　ブイツーソリューション
　　　　〒466-0848　名古屋市昭和区長戸町 4-40
　　　　電話 052-799-7391　Fax 052-799-7984

発売元　星雲社
　　　　〒112-0005　東京都文京区水道 1-3-30
　　　　電話 03-3868-3275　Fax 03-3868-6588

印刷所　藤原印刷

ISBN 978-4-434-23270-1
©Kan Ueda 2017 Printed in Japan

万一、落丁乱丁のある場合は送料当社負担でお取替えいたします。
ブイツーソリューション宛にお送りください。